股权资本
整体解决方案

全彩图解版

荀旭杰◎著

海量干货
方法·工具·流程
方案·协议范本
一网打尽

中国经济出版社
CHINA ECONOMIC PUBLISHING HOUSE
·北京·

图书在版编目（CIP）数据

股权资本整体解决方案：全彩图解版 / 荀旭杰著 . — 北京：中国经济出版社，2018.3

ISBN 978-7-5136-4843-1

Ⅰ. ①股… Ⅱ. ①荀… Ⅲ. ①上市公司 – 股权管理 – 研究 – 中国
Ⅳ. ①F279. 246

中国版本图书馆CIP数据核字（2017）第217755号

责任编辑 海 毅 高晓晔
责任印制 马小宾
封面设计 任燕飞设计室

出版发行 中国经济出版社
印 刷 者 北京柏力行彩印有限公司
经 销 者 各地新华书店
开　　本 710mm×1000mm 1/16
印　　张 17.75
字　　数 236 千字
版　　次 2018 年 3 月第 1 版
印　　次 2018 年 3 月第 1 次
定　　价 78.00 元
广告经营许可证 京西工商广字第 8179 号

中国经济出版社 网址 www.economyph.com 社址 北京市西城区百万庄北街 3 号 邮编 100037

前言

GUQUAN ZIBEN
ZHENGTI JIEJUE FANGAN

2017年6月，万科的股权之争落下帷幕。出乎所有人的预料，其最后的胜出者并不是挑起万科股权之争的宝能系，而是最晚入局的深铁。王石则是最大的输家。之所以会出现这种意外结果，是因为各方对于股权的把控。宝能系利用股权发起了战争，欲通过这场战争获得巨大利益，但因没有充分把握股权运作战术，最终以失败告终；王石更是因为对股权的认识不够深入，导致自己离开一手缔造的万科集团。

不管是个人还是企业，要想避免成为出局者，避免自己养大的孩子叫别人“爹”，在一开始就要设计好股权运营的各个环节。

选择股权基因。企业和人一样，能不能有更好的发展，就看其构成的基因如何。基因越完美，未来的发展就越好。因此，企业股权运营的第一件事就是找到合适的股权基因，如技术基因、资源基因、资金基因等。当然，寻找股权基因不能随意，而是审视自己缺少哪一部分基因，从而加以弥补。

设计股权架构。根据各项基因的特点以及对企业的贡献，开展股权架构的设计。好的股权架构不但能促使企业有好的发展，提升企业股权价值，更能避免企业的创始人因失去对企业的控制权而沦为“路人甲”。

做好股权融资。不少初创企业都是“有人没钱”，为了得到发展资金，选择了与资本对接，进行股权融资。股权融资的方法有很多，企业要明白投资人的关注点是什么，根据投资人的关注重心来推销自己。但需注意，做好股权融资要把握好分寸，不要把钱融到了，却把自己“溶”没了。

前言

GUQUAN ZIBEN
ZHENGTI JIEJUE FANGAN

筑牢股权控制。做企业最怕的是什么？就是失去对企业的控制权。因而，股权运营最后一步就是股权控制。企业创始人可以通过委托表决权、签署一致行动人协议、成立有限合伙企业、卡牛计划、毒丸计划等来避免自己被“踢出局”。

股权运营的内容还有很多，如股权众筹、股权激励、股权估值、股权投资、股权上市等，这些内容都会在本书重点提及。

移动互联网时代，旧有的股权思维正在被全新的商业模式和资本思维颠覆，无论是企业老板还是高管，都应该补上股权资本这堂课。

本书以全彩图解的形式，为读者阐述股权运营的全新思路和模式，并结合当下最新形势和全新案例，为读者总结出一套股权实战的方法和技巧，助力读者改良企业股权基因，规范企业股权架构，开辟股权融资渠道，明确股权众筹模式，做好人才股权激励，做大企业股权估值，保障股权投资收益，选对股权上市形式，加强股权控制力度等。书后还附有股权资本运作范本及法律汇编，读者看得懂、学得会、用得上，非常适合企业老板、股东及高管阅读。

>> 目录

GUQUAN ZIBEN
ZHENGTI JIEJUE FANGAN

第 1 章
股权基因：后天引进，不做不完美企业

一个人长得好不好看要看其基因如何。基因好，外形就美，气质也佳。企业和人一样，能不能有更好发展，要看其股权基因。股权基因越完美，企业发展越迅速而稳定。如果企业股权基因先天不够完美，就需要后天不断进行改善优化。

第 2 章
股权架构：决定企业类型，主导企业管理

不少企业有人才，有技术，有好的商业模式，但是却发展缓慢。或者是做好的蛋糕成为他人的美食。究其原因

是因为股权架构设计不合理。合理的股权架构设计是企业成立的第一步，也是创始人保证企业控制权的基础。

第3章
股权融资：对接资本，扩大企业规模

大多数初创企业往往受国家法律、金融政策、自身实力等多种因素制约，导致开发产品有技术没资金，开发市场有方案没资金，扩大生产有客户没资金，企业发展一直处于瓶颈期。股权融资则是通过股权与资本对接，帮助企业获得充足的发展资金，迅速扩大规模。

第 4 章
股权众筹：连接大众力量，解决企业难题

股权众筹究竟有什么魅力，能够风靡全世界，受到大家的欢迎？原因在于，股权众筹不仅是看好企业前景而进行的一次筹钱并分配相应股权的简单活动，更是一次筹资源、筹渠道、筹智力、筹圈子，让企业获得发展源泉，让投资人享受股东归属感的双赢之举。

第 5 章
股权激励：分股合心，放大人才红利

完善的股权激励机制是一个优秀企业的标配。当初创企业无力给人才支付高额薪水时，股权激励能吸引并留住企业发展所需的人才，充分激发人才的潜能，统一人才与企业的目标，激励他们为企业的发展尽心尽力。

第 6 章
股权估值：零到百亿美元企业的诞生

股权投融资的第一关就是股权估值。企业股权估值的高低，受很多因素的影响，如盈利能力、收益率、折现率、客户基数、供求关系、产品形态……企业要想获得高估值，就要把握好估值方法，研究不同时期的评估要素，了解影响估值高低的因素，学习高估值的包装艺术，如此才能创造百亿美元估值的企业。

第 7 章

股权投资：资本有成本，钱不投出去就是负债

有人说人无股权不富。股权投资究竟有什么魅力，能让人做出这么高的评价？当年投资阿里巴巴的，1 元原始股现在变成 161422 元；当年投资腾讯的，1 元原始股现在变成 14400 元……所以，正确的股权投资行为是让人“一夜暴富”的关键所在。

第 8 章
股权上市 :IPO 后，诞生的不只是百亿富豪

企业上市是一个“内外兼修”的过程，不但能使企业的股权价格成倍增长，让企业获得发展所需的资金，获得更高的社会声誉；更能完善法人治理结构，提升企业管理水平，规范企业运营流程，促进企业长远发展。

第 9 章
股权控制 : 将“野蛮人”挡在门外

马云仅持有阿里巴巴 7.8% 的股权，但就是这区区 7.8% 的股权，既没阻碍他牢牢控制阿里巴巴，也没有阻碍

他一度成为中国首富，更没阻碍他轻松抵御了门外各种各样的“野蛮人”。马云之所以能做到这样，就是因为他掌握了股权控制的技巧。

附 录

第1章 股权基因：

后天引进，不做不完美企业

一个人长得好不好看要看其基因如何。基因好，外形就美，气质也佳。企业和人一样，能不能有更好发展，要看其股权基因。股权基因越完美，企业发展越迅速而稳定。如果企业股权基因先天不够完美，就需要后天不断进行改善优化。

1.1 股权基因是企业股权结构最核心的要素

什么是股权基因？实际上它与合伙人类似，在组建一个公司时，需要找到技术合伙人，运营合伙人、管理合伙人等等才能把公司发展壮大。同理，一个合理、完整的公司股权，就需要由技术、运营、管理等基因组成。

股权基因，是企业股权结构中最核心的基因要素。在企业股权结构中处于非常重要的位置，每一个基因都是别人无法替代的基因存在，都有其自身特有的优势。因此，需要有以下几点要求（见图 1–1）。

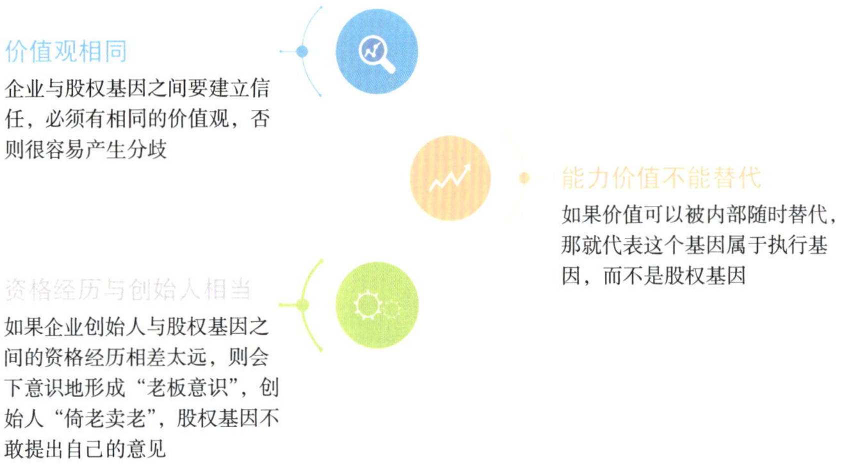

图 1–1 基因需具备的三个条件

不管是哪种类型的股权基因，都需要有一定的管理能力。因为每一个股权基因都需要组建自己的团队，如技术基因需要组建技术团队，运营基因需要组建运用团队，需要具备组建团队的能力，并且能带领和培养团队。

良好的人脉关系也是股权基因的基本要素。每一个类型的股权基因都要有属于自己的人脉关系，这些人脉关系并不是指股权资源基因中所指的人脉关系，而是指和一批相关的“牛人”关系不错，可以帮助企业挖掘到优秀人才。比如技术基因如果与技术“牛人”关系不错，那么就可以邀请其加入企业，帮助企业解决紧急或者关键的问题。

1.2 技术基因：让企业实现从 0 到 1 的转变

股权技术基因，其实就是指技术基因。互联网创业，创业者首先面对的问题是技术问题。技术基因是服务于创业企业的技术团队配置模式，通过给企业提供产品策划、技术开发以及获得项目部分股份而成为企业的核心股权基因。打造一个具备发展潜力的企业，除了主脑 CEO 之外，不可或缺的是 CTO，即技术基因。技术基因可以帮助企业实现从 0 到 1，协助产品实现从 1 到 N。高科技时代，没有好的技术，一切都是枉谈。很多创业者有资金、有想法、有管理和运营能力、有庞大的资源，就是没有技术。所以，找到靠谱的股权技术基因至关重要。

说到股权技术基因，微信的张小龙是典型代表。他是 Foxmail、微信创始人，腾讯公司高级执行副总裁。2005 年 3 月 16 日加入腾讯，2011 年 8 月 2 日成为腾讯公司高级副总裁。2012 年 8 月，马化腾决定让张小龙负责腾讯微信 4.2 版本，从此张小龙被誉为“微信之父”。张小龙对于腾讯公司来说，就是不可或缺的技术基因。

张小龙出色的专业技能让微信成为了与 QQ 并驾齐驱的即时通信软

件，可以说，没有他就没有如今的微信。为什么张小龙能成为“微信之父”，成为马化腾最为看重的技术基因？

2010 年年底，张小龙给马化腾发送了一封邮件，建议腾讯做移动社交软件。在他看来，移动互联网将会是一个新的通信工具，其可能会威胁 QQ 发展，腾讯必须先下手为强。马化腾同意了张小龙的意见，并让其作为整个项目的负责人。

2011 年年初，微信 IOS 版上线，但用户增长不太理想。张小龙意识到微信应该抛掉理性，加点文艺和人性的元素。于是，微信开始增加一些更贴近人性的功能，比如查找附近的人、朋友圈、摇一摇等。增加一些更贴近人性的功能后，微信的用户量开始大幅度地增长。

2012 年，张小龙提出了“微信是一种生活方式”的新观点。至此，微信开始一发不可收拾，电商、广告、游戏都开始涉及。马化腾显然已把微信商业化的重任全权交给张小龙。

此后，张小龙提出的微信公众号、微信支付等新微信功能，更是让微信在移动领域的霸主地位不可动摇。

1. 成为技术基因人才的特点

什么样的人才能成为企业的技术基因？创始人可以按照以下的四个特点去寻找（见图 1–2）。

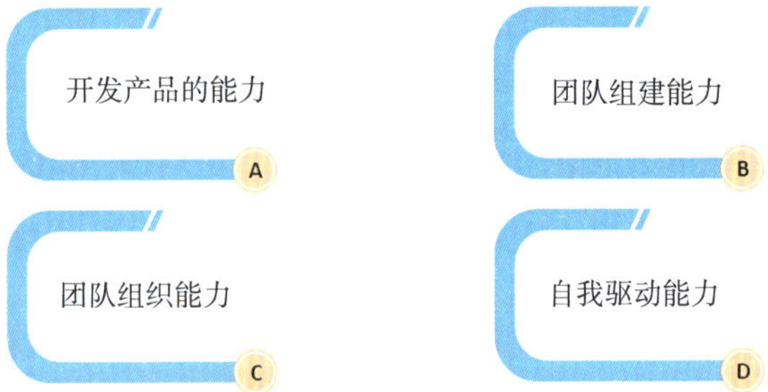

图 1–2　技术基因的四个特点

第一点，开发产品的能力。初创企业一般都缺人才又缺资金，所以急需一个产品原型来寻找融资金。产品能否被投资人看重，关键看技术基因是否具备开发产品的能力。因此，在初创期，技术基因必须负责以下几个方面的工作（见图 1-3）。

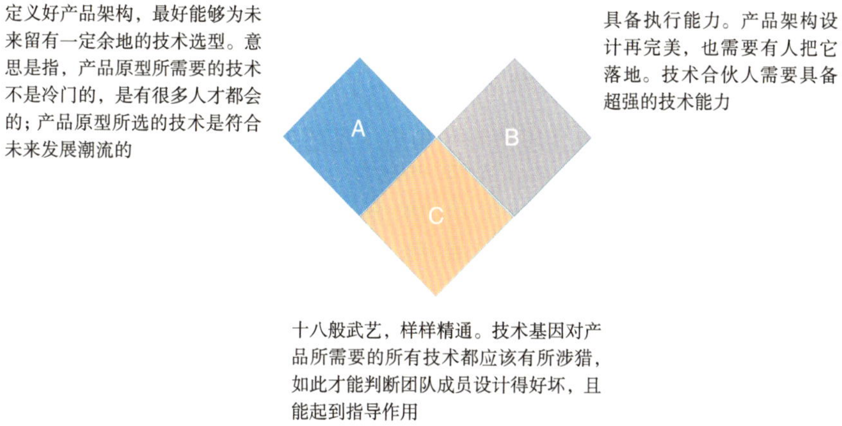

图 1-3　技术基因需负责的三种具体开发工作

第二点，团队组建能力。产品开发和组织技术团队是技术基因在初期的主要职责。随着高新产业的发展，创业企业要找到好人才必然是难上加难。因此，技术基因必须具备团队组建能力。寻找技术人才，并不单是 HR 的事情，更是技术基因必须亲力亲为的事情。因此，技术基因需要相关方面的人脉资源。

第三点，团队组织能力。有些团队能招聘来人，但是留不住人。技术人才对于创业企业来说是非常重要的资源，但人才流失一直是企业的弊病。所以，技术基因是否具备团队领导能力，是非常关键的问题。

第四点，自我驱动能力。一个好的技术基因，还需要超强的自我驱动力，能够主动地思考问题，主动学习必要的技能，让自己一直保持在技术前沿。不然，技术发展日新月异，很容易会被其他企业赶超。企业如果不能持续创新，必然会被市场淘汰。因此，技术基因是否具备自我驱动能力至关重要。

2. 寻找技术基因过程中遇到的陷阱

在寻找技术基因的过程中，创始人难免会遇到一些陷阱，而且常常误触陷阱不自知，糊里糊涂把股权给了对方，让其成为股权基因的一部分，从而给企业的发展埋下了隐患（见图 1–4）。

图 1–4　创始人对技术基因的四大误解

陷阱一，技术基因就是员工。不少企业找到的技术基因实际上就是一个员工。情况一般是这样：找外包企业把产品做出来，然后在后期运营的时候招聘一个人来维护这个产品。在这种情况下，招来的技术基因其实就是员工。技术基因是指参与产品全程设计，并能给出新创意的人。

陷阱二，技术基因无需给工资。在企业成立初期，技术基因占有非常重要的位置。但是有不少创始人认为给了技术基因股权，就无需给工资。其实这是一种错误的思维。正确的思维是技术占股 + 配置人员工资。如探码科技对于技术基因的待遇就是技术占股 9%+ 配置人员工资。

陷阱三，对技术工作缺乏明确认知。不少创始人对技术基因需要承担的工作并没有明确的认知。有些人还认为技术基因不止需要负责线上产品搭建，还需要负责线下市场。但是真正能把产品做好的企业，线上产品和线下市场的分工是非常明确的，每个工作都有专门的股权基因负责。

陷阱四，技术基因是鸡肋。随着社会和商业的发展，技术基因已经不再是简单的技术员的角色，而是一个企业的产品经理，需要帮助企业搭建技术团队，为企业持续推出新产品，决定企业产品的发展方向。绝对不是可有可无的鸡肋。

3. 技术基因的股权占比

技术基因是一个非常特殊的基因，它是产品的实现者，不少人认为应该多给技术基因股权，但是管理基因、资源基因、运营基因、资金基因没有一个不比技术基因重要。那么，到底该给技术基因基因多少股权才合适呢？

一般情况下，给技术基因 9% ~ 15% 的股份是比较合适的。如此，双方都能接受。比如探码技术团队采用这样的方式已经合成了体育 O2O 领域、婚嫁 O2O 领域、旅游自媒体。给技术基因这样的股权占比优势，可以从两个角度进行分析（见图 1–5）。

技术基因角度

1. 对技术价值的肯定，能更积极地工作
2. 从打工者变为老板，有合作创业感
3. 增加对企业的信任度

企业角度

1. 认可技术基因的价值，只有认可才会给股份
2. 让产品更快上线，进行下一步运营
3. 增加归属感与忠诚度，避免技术基因流失或变异

图 1–5 从两个角度看引进技术基因的优势

1.3 管理基因：技术打天下，管理定江山

正所谓“技术打天下，管理定江山”。初创企业为自己的股权结构吸引了技术基因，并利用技术基因获得了投资人的青睐后，就要有一套行之有效的方法让自己的企业稳定下来，并有效运营下去。因此，就需要吸引管理基因。

阿里巴巴的蔡崇信就是企业最为需要的股权管理基因。蔡崇信，拥有耶鲁大学法学学位，曾在瑞典投资公司银瑞达担任投资主管。1999年，蔡崇信自荐加入阿里巴巴，2013年5月，成为阿里巴巴副主席。蔡崇信加入后，阿里巴巴在管理方面可以说是焕然一新。

阿里巴巴的股份和权益也是由蔡崇信提起的，他把十九份完全符合国际惯例的英文合同，让马云和十八罗汉签字画押。此时，阿里巴巴正式的股权结构才算完成。如果没有蔡崇信的加入，阿里巴巴就是个家族企业。他加入后，把阿里巴巴变成了公司，并以正式合同的形式，把十八罗汉团队的利益绑到了一起。让十八罗汉团队维系了8年之久。

初始的阿里巴巴团队是三无团队：无背景、无成功经历、无特别优势。即使有，这些优势也是隐形的。如果不是蔡崇信，这些优势就很难被挖掘出来，并不断获得融资。

除此之外，蔡崇信也是个善于发现并懂得培养人才的人。把阿里巴巴带上一个新高峰的下一任管理者陆兆禧，就是由蔡崇信推荐的。并且，蔡崇信全力支持陆兆禧的战略决策。如此，才有了淘宝

这个阿里巴巴最为盈利的业务。

除此之外，蔡崇信团队还是被阿里巴巴集团派往香港集团总部的先遣部队，是雅虎收购计划的主导者。阿里巴巴集团的许多里程碑事件与蔡崇信密切相关。

可以说，如果没有蔡崇信，阿里巴巴的商业模式再好，马云和十八罗汉的能力再强，也很难让阿里巴巴达到如今的地位。

那么，如何才能找到像蔡崇信一样的优秀管理基因，让企业的股权基因更完美呢？可按照以下几个方式进行。

1. 分清管理基因与普通管理者的区别

企业创始人往往把管理基因与普通管理者混淆，认为他们起到的作用都是一样的。其实不然，两者之间存在着很大的区别，这些区别直接决定了管理者带给企业的管理结果。那么，如何分清管理基因与普通管理者之间的区别呢（见图 1–6）？

图 1–6 管理基因与普通管理者的五大区别

区别一，下属态度。管理者不是技术员，后者大多数时间面对的是实验室、计数机，管理者大多数面对的是人。企业能否充分发挥人才效应，就看管理者的情商如何，能否正确对待下属（见图 1–7）。

普通管理者对下属的态度

1. 情绪容易被员工左右，一旦出错或没有达到目标，就会陷入到负面情绪中
2. 普通管理者的兴奋点是个人成就，而非是团队成就。当团队获得工作成就时，他们也不会表现出兴奋的心理状态

管理基因对下属的态度

1. 有非常平和的态度，与人互动时，让人舒服，不会让人产生自己高高在上之感
2. 有非常高的业务能力，能获得员工的敬佩
3. 看重大局，相对于个人利益，他对团队利益看得更重

图 1–7　管理基因和普通管理者对待下属的态度

区别二，思维方式。管理基因能够理解业务模块之间的内在逻辑，能综合运用企业的人和事物，将每个要素安排到最合适的位置，把资源的效果发挥到极致，在管理基因的思维中没有废料及边角料的概念。普通管理者能够意识到梳理业务流程的重要性与意义，但因为缺乏基础逻辑，因此就不能充分理解业务模块之间的内在逻辑，普通管理者的思维方式还是处于简单拼凑的状态，不能充分利用企业资源。

区别三，表达方式。管理基因非常注重表达的简练性与易懂性，在思考问题时能够灵活使用结构性思维，用形象化的表达方式，让下属清楚地接收到自己传达的信息。普通管理者的表达方式相对严谨，在传达工作指令时，多数是照本宣科，下属有时很难理解太过专业化的用词。

区别四，工作流程。管理基因的工作方法是对部门工作进行项目化或者模块化管理，并能够基于部门或者企业的绩效要求清晰地规划部门工作路径，能够审时度势，决定什么时候该做什么工作，并不断优化这条路径，让企业的工作得以有条不紊地进行。普通管理者工作的典型问题就是缺乏规划性，大多时候都是按照自己的方式去做，忽视了团队式的工作方法。

区别五：工作状态。管理基因的工作状态是一直保持高昂的激情，在他们的思维中，已经形成了一种自我激励的机制，这种机制能让管理基因在解决问题的过程中获得乐趣，并坚持到底，见证最后的结果。大多数的管理基因并不是为了钱而工作，而是为了获得成就感。普通管理者一般都是“三分钟热度”。在理解任务阶段，缺乏耐心和细心，不愿意倾听用户与上司的真正需求，急于动手；在设计解决方案阶段喜欢天马行空，有想象力，但没执行力；到了执行阶段，没有百分百的执行力。

所以，企业在寻找管理基因时，一定要把管理基因与普通管理者区别开来，要深入地调查、了解与评判，不要随随便便给他股份，让他成为企业股权基因的一部分。

2. 优秀管理基因的特质

要找到一个优秀的管理基因并不容易，如果选择错误，会对企业产生致命的伤害。那么，一个优秀的管理基因有哪些特质呢（见图1–8）？

特质一，对业务有充分了解。优秀管理者懂得如何把每个组织模块组合到一起，以此来创造更大的价值，产生更好的结果。一般优秀的管理基因都在市场、财务等各部门工作过，有着一线工作经历。因此，他们对整个组织模块都有非常深入的了解，能将整个组织整合成一个完美并行的组织。同时他们也致力于增强组织的粘合度，以最快的速度、最小的成本协调企业内的障碍与分裂性。

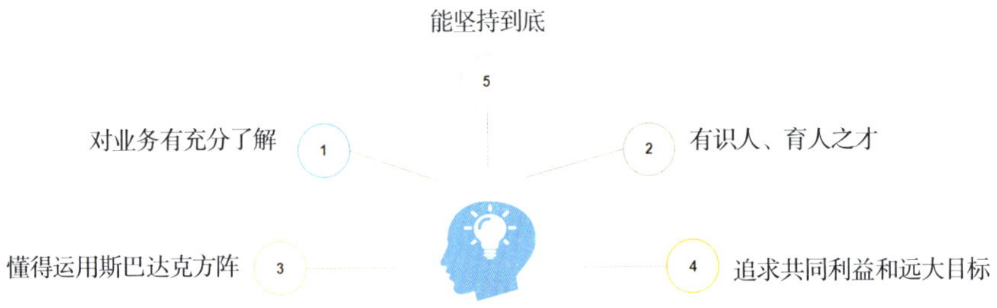

图 1–8　优秀基因的五种特质

特质二，有识人之能、育人之才。企业搭建有合作精神、有战斗力、有凝聚力的管理团队非常重要，团队中每个成员的素质也同样重要。这个团队带领人的“管理基因”是其表率，所以企业在选择管理基因时，一要看人品，二要看专业才能。能选好人才、用好人才、珍惜人才，帮助企业搭建好的经营管理班子。

特质三，懂得运用斯巴达克方阵。斯巴达克方阵是一个战术阵形，每个士兵都戴着头盔、穿着铠甲，双手持兵器，作战时士兵排列为肩并肩的紧密阵形，前排士兵一起将长矛放平，后排则将长矛架在肩膀上，构成一面矛墙，一起踏着准确的步点向敌人逼近。斯巴达克方阵注重进攻，一旦占据有利地形，就能达到“一夫当关万夫莫开”的效果。如果管理基因具备这项技能，就能激励和带动员工一层一层落实企业战略。

斯巴达克方阵还讲究引进空降兵，以此来增强企业的战斗力。但是，空降兵必须经过文化磨合。空降兵一般有两个特点：一是具有国际视野；二是具有较好的专业背景。这就要求管理基因有一定的人脉关系。

特质四，追求共同利益和远大目标。优秀的基因有远大的发展目标，能重视和追求企业团队的共同利益。能让所有跟着管理基因的员工坐更好的车，住更大的房子。要求管理基因能带领企业走到河对岸去。但是怎么过河，就需要管理基因掌握一定的技巧，是搭桥还是造船，或者是游泳。

特质五，能坚持到底。一个优秀的管理基因要认识和适应现实的环境，且能应对环境带来的各种挑战。在处理企业危机和对待价值观等原则问题上，果断决策，迅速、坚决行动，原则问题不妥协、不退让。管理者的妥协与退让是需要付出代价的，因此，大方向和原则绝对不允许受到挑战，需要采取强硬的手段来捍卫。

如果企业创始人发现管理者身上具备了以上五种特质，那么就可以将其作为管理基因的选择范围，考虑授予其一定的股权。

1.4 资源基因：企业要的不只是资金、技术和管理

有不少人认为，要成为一家企业的股东要么有高超的技术能力，要么有深厚的管理功力，再不然就有雄厚的资金能力。其实不然，在很多时候，企业不只需要技术、管理和资金，还需要资源。如果哪个人可以提供给企业最需要的资源，那么企业创始人就可以给其股份，让其成为股权基因的一部分。

如以下这些企业就用股权换取自己所需要的资源：

虚拟现实 vr：项目状态（运营中），需求资源（手机用户渠道 ），给予股权 3%；

靠谱鸟：项目状态（运营中），需求资源（金融需求），给予股权 9%；

嘻哈公园：项目状态（运营中），需求资源（bd 人脉资源），给予股权 7%；

汽求 app：项目状态（运营中），需求资源（媒体渠道），给予股权 5%；

去看看旅行网：项目状态（运营中），需求资源（境外目的地旅游资源），给予股权面议；

大脚丫旅行网：项目状态（运营中），需求资源（旅行社资源），给予股权 1% ~ 9%；

比得网：项目状态（运营中），需求资源（航空旅游资源），给予股权 9% ~ 20%。

从以上的案例可以得知，只要手上有企业需要的资源就可以成为企业的股东，而不一定非要有资金、技术或者其他方面的能力不可。

企业在用股权换资源时，要注意以下几个方面的问题：

1. 根据自己的短板找资源

企业用股权换资源，可以得到资源方的照顾。没有一种企业是全能的，总有弱势之处，不可能在各方面都强势，此时，如果能用一小部分股权换取弱势部分的资源，就可以弥补自己的不足之处。如果企业媒体资源差，就可以寻找有媒体资源的人，让其成为企业的资源基因；如果企业渠道资源差，就可以寻找有渠道资源的人，让其成为企业的资源基因。

如 Uber 官网的一篇博文：Uber 在印度和媒体集团《印度时报》旗

下的数字部门 Times Internet 达成了战略合作，本次合作的方式应该是 Uber 在印度专门成立一个实体公司，并由 Times Internet 对该实体注资并持有股权，Times Internet 派驻一名高管进入实体董事会。

Uber 为什么要与 Times Internet 合作，因为印度是 Uber 仅次于美国的第二大市场。而《印度时报》是印度历史最久、规模最大的媒体集团，其核心业务就是电视、杂志、广播等渠道上的媒体资讯。在印度，Uber 并没有很好的媒体资源，因此与《印度时报》合作，可以借用对方的资源在印度进行大面积的广告宣传，让自己在印度市场上占据绝对优势。

2. 根据资源性质分配股权

企业在引进股权基因时，要慎重考虑一个问题——股权分配给多少才合适。企业可以根据资源的性质进行股权分配。首先，如果该资源是企业急需的，在他处又难找到，就可考虑多给股权；其次，如果该资源产生的价值是长期的，那么就可以考虑多给股权；第三，如果该资源可以给企业带来极大效益，那么可以考虑多给股权，反之，就少给。

如华能国际子公司华能云南滇东能源有限公司在北交所转让 40% 的股权，但要求受让方必须是煤炭投资者，并且是在中国境内依法设立的从事能源基础产业投资的企业法人，具有良好的财务状况与支付能力，能提供在挂牌期间由银行出具不低于 20 亿元的存款证明。

该企业之所以要转让这么大比例的股权，是因为企业资格证明资源以及资金。资格证明给企业带来的作用无疑是长期的，因为可以合法合规地开采能源；因为企业资金缺乏，引进大笔资金可以解决自己的燃眉之急。资格资源加上资金资源都是该企业急需，所以华能国际才会把子公司 40% 的股权转让出去。

1.5 运营基因：让用户从 1 到 N 裂变

有不少创业者表示，创业过程中最难解决的不是资金问题，而是人的问题。李开复曾说“最好的创业 = 大量有效的资金 + 持续正确的商业决策 + 有才华的员工”；乔布斯把 1/4 的时间都留给了招聘工作，可见人的价值的重要性。对于互联网企业来说更是如此，除了要有技术，要有管理，要有资源，更要有懂得运营的人才。否则，一款产品先天再好，如果没有运营，那就很容易“后天不足”，最后“中途夭折”。所以。企业在引进股权基因时，也不能忽略了运营基因。有了运营基因，企业的股权基因架构才能真正的完美。

2014 年 7 月，柳青加盟滴滴出任首席运营官。她的到来，让滴滴的面貌焕然一新。加入滴滴后，柳青协助 CEO 程维将滴滴从单一的出租车打车平台运营成包含专车、快车、顺风车、大家、租车、企业版等多条业务线的一站式移动出行平台，确立了在出行行业的领先地位。可以说，柳青对于滴滴起到的作用，并不比程维小。可见，柳青是每个企业最需要的股权运营基因。柳青对于滴滴的贡献，并不单单体现在具体的产品体验上，如增加专车、快车、顺风车等项目及策划红包分享活动，还体现在其对滴滴引进新合作者，以完善滴滴的战略布局上。

2014 年 12 月，柳青主导完成了当时非上市企业最大的一笔融资，融资额 7 亿美元。投资方为国际知名机构淡马锡、国际投资集团 DST、腾讯。

2015年2月4日，柳青主导完成了滴滴与快的战略合并，引起了业界的轰动。

2015年7月，在柳青主导下，滴滴完成了20亿美元的巨额融资，公司现金储备超过35亿美元，成为世界规模最大的一线非上市企业融资。

2016年1月26日，柳青在发布会上宣布滴滴与招商银行达成战略合作，未来双方将在资本、绑卡支付、金融、服务和市场营销等方面展开全方位合作。同时，招商银行还将作为战略投资者投资滴滴。

2016年6月16日，滴滴出行宣布完成了新一轮45亿美元的股权融资，新的投资方包括苹果、中国人寿，这是全球未上市企业单轮最大规模股权融资。作为此次融资的主导者，柳青再次刷新了行业记录，也刷新了自己的纪录。

2016年8月，柳青主导滴滴收购Uber中国，再次帮助滴滴巩固了出行行业的霸主地位。

1. 运营基因的重要性

企业为什么要引进股权运营基因？运营基因自然有其独特的价值。互联网早期，产品只有“有”和“无”的区别，只要有技术支持，就可以获得用户，无论其体验感到底有多差。如腾讯就是以即时通信起家，百度以搜索引擎技术起家，盛大以网络游戏起家。这些企业发展早期，都是以技术获取用户。

但随着互联网的发展，市场竞争越来越激烈，用户的要求也越来越高。此时，产品的体验开始重于技术，而好的体验就得依靠运营人才来塑造。腾讯、百度、盛大之所以能成为最后的胜利者，就是因为他们在后期意识到了运营的重要性，不断用高薪、股权引进高级运营人才。

2. 运营的分类

在引进运营基因之前，首先要了解运营分成哪几个类型。一般情况下，如果是执行的一线运营人才，只要求他们懂得其中的一个类型即可。但是，如果要引进运营基因，使其成为企业的基因，那么就要求对方掌握全部类型的运营（见图 1–9）。

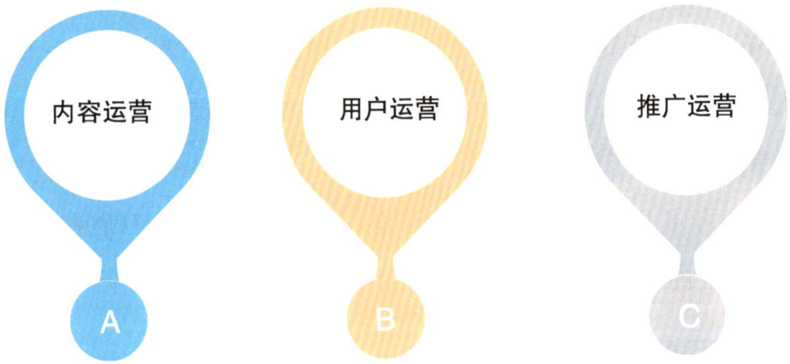

图 1–9　运营的三大类型

类型一，内容运营。产品中可供用户消费且能延长用户停留时间的因素均可称为内容，而内容运营的工作是添加并不断提升这些因素的体验感。每个产品所需要运营的内容都是不同的。

比如新浪网，其需要运营的内容是由文字、图片、视频组织而成的消费介质；“京东”需要运营的内容是每个商品的展示页；“知乎”需要运营的内容是由用户自己产生的内容。

类型二，用户运营。其工作包括扩大用户群，如寻找种子用户，吸引新用户，通过活动制造病毒传播，短时内吸引大批用户；提高用户活跃度，如不断满足用户的需求，塑造用户之间的关系链，提升用户的参与感，转移产品或用户的使用成本，进行外部激励；对用户生命周期进行管理，包括统计流失用户，活跃老用户，唤回流失用户；寻找更加合适的商业模式并增加收入。

类型三，推广运营。在一定程度上也可称为活动运营。运营人员需要通过各种渠道帮助企业产品获取流量，比如新媒体运营。对于大部分非媒体类企业而言，新媒体运营是通过各大视频网站如QQ、微博、微信、知乎、豆瓣等，获取流量。

3. 运营基因的要求

运营基因与其他股权基因一样，也有其独特的要求，一般包括以下三个方面（见图1–10）。

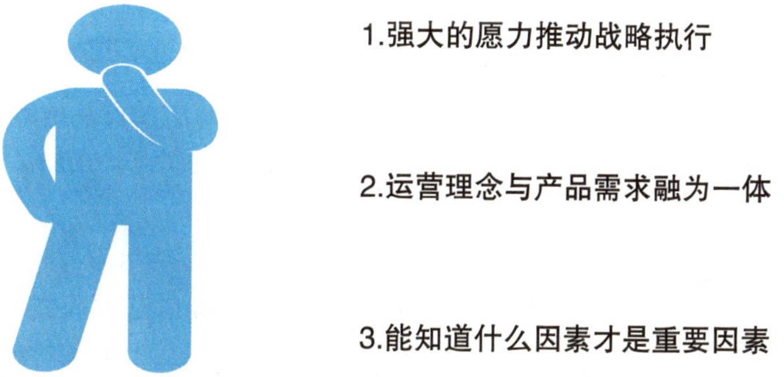

图1–10　运营基因的三大要求

要求一，强大的愿力推动战略执行。能成为股权基因的运营人才与普通的运营人才不同，他需要有强大的愿力推动企业战略执行。因为此时企业产品的用户基本处于原始状态，企业需要靠运营来获取用户。即使在没有一分钱预算，没有一个用户的情况下，运营基因也仍然有强大的信心相信产品一定能够成功。就像当初的QQ，之所以能从最初的零资金、零用户状态，到最后即时通讯的霸主，就是因为马化腾有强大的愿力。

要求二，运营理念与产品需求融为一体。一个优秀的运营基因，必然能把自己的运营理念融入到产品需求里，这样即使企业不专门设置运营这一岗位，但其他岗位也能自带运营性质。这一点，在2014年6月爆红的“脸萌”就做得非常好。虽然他们没有专门的运营人员，但其运营基因已经将运营理念渗透进产品的每一个环节。2013年11月，“脸萌”团队推出公测版，一上线就在360应用商店、91手机助手、“豌豆荚”等应用商店中获得了收益及推荐。同时36KR、爱范儿、腾讯科技等行业内的权威媒体都对其进行了报道推荐。

从表面上看，“脸萌”并没有设计运营这个岗位，但是“脸萌”的运营基因赋予了团队中的每个角色一种意识，“既是CEO也是产品经理”。如市场推广也是运营人员，因为通过应用商店的首页推荐，获得了用户；公关人员在各大媒介上发通稿，提升了“脸萌”的知名度，也是一种运营方式。

由此可见，运营基因不是在内容、用户、推广三方面做到极致，拘泥于表面形式，而是能将运营思维融入到产品中。

要求三，能知道什么因素才是重要因素。一个合格的运营基因，能分清楚什么才是重要的，懂得自己的运营战场不在渠道，也不在内容，而是在产品还未上线之前就构建了用户增长的引擎体系。这就要求运营基因明白以下五点（见图 1–11）。

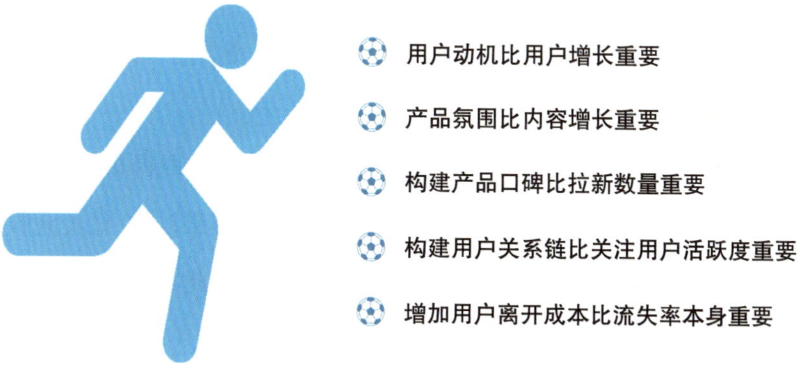

图 1–11　运营基因需明白的五点

1.6 资金基因：供血越充足，企业越有活力

资金基因，可以说是企业股权基因中最重要的、也是最大比例的一个基因因素。不少企业万事俱备，只欠资金。这个资金基因，会随着企业发展不断增加。

如滴滴，就随着自身发展的需要，不断为自己的股权结构引进资金基因，以下是滴滴引进资金基因的历程：

2012 年 12 月，滴滴打车获得了 A 轮金沙江创投 300 万美元的融资。

2013 年 4 月，完成 B 轮融资，腾讯投资 1500 万美元。

2014 年 1 月，完成 C 轮 1 亿美元融资：中信产业基金 6000 万美元、腾讯集团 3000 万美元、其他机构 1000 万美元。

2014 年 12 月，完成 D 轮 7 亿美元融资，投资方为国际知名投资机构淡马锡、国际投资集团 DST、腾讯。

2015 年 7 月，宣布完成了 30 亿美元融资，投资方为中国平安、腾讯、淡马锡、中投公司等。

2016 年 5 月 13 日，滴滴出行宣布其最新一轮融资取得重要进展，获得多家海内外知名金融及产业机构支持。其中，苹果以 10 亿美元投资本轮，是滴滴迄今为止获得的单笔最大投资。通过此次投资，Apple 与腾讯、阿里巴巴等一起成为滴滴战略投资者。

2016 年 6 月 13 日，滴滴出行宣布获得中国人寿超 6 亿美元战略投资，其中包括 3 亿美元股权投资及 20 亿元人民币的长期债权投资。

2017 年 4 月 28 日下午，滴滴出行宣布完成新一轮超过 55 亿美元融资，此轮融资将用来支持滴滴全球化战略的推进和前沿技术领域的投资。

短短三年时间，滴滴经历了 9 次融资，引进了数十位新股东。这些资金基因，不断完善滴滴的股权基因结构，让滴滴的股权更具价值性。

企业要发展，必然要引进资金基因，但不是有资金基因就能引进，需要达到一定的要求（见图 1–12）。

1. 价值观与文化要一致

资金是否与企业基因的价值观和文化相一致是非常重要的问题，就像一个失血过多的人，如果输进体内的血不具适配性，那么这个人就必死无疑。所以，在引进资金时，要把价值观和文化放在第一位。比如在价值观上他们相信什么？着重点是什么？追求什么？组织结构是哪一种模式？是要求层级分明还是扁平化？

图 1-12　引进资金基因的四大要求

2. 能提供其他支持

在企业有选择余地之时，不能单看资金多少来选择，还要看对方是否能给自己带来其他方面的支持，投资人的业务、资源和人脉是否能给自己带来帮助，或者是投资人能否在管理、财务、法务、行政、HR 方面提供更好的服务建议。如腾讯投资“摩拜”之后，可以为“摩拜”带来推广上的支持，提高“摩拜”的用户量。

3. 能相信自己

投资者是否能对自己坦诚相见、相互信任。投资人对自己应充分信任，惩罚协议应针对企业是否合法合规经营、是否有竞业限制行为以及对投资人是否有欺骗行为，而不是针对业绩的对赌。现实中，企业因为对赌协议而失去企业控制权的案例时有发生。所以，对此要慎之又慎。

4. 不要求投票权

在寻找资金基因时，企业创始人要看对方是否要求投票权，或者是否能把投票权委托给自己。如果要求投票权，又不能把投票权委托给自己，那么这种资金基因最好不要引进，因为很容易让企业创始人失去对企业的控制权。京东在引进腾讯的资金时，就要求把投票权委托给刘强东，因此，虽然刘强东并不是京东的第一大股东，但仍能牢牢地控制京东。

第2章

股权架构：

决定企业类型，主导企业管理

不少企业有人才，有技术，有好的商业模式，但是却发展缓慢。或者是做好的蛋糕成为他人的美食。究其原因是因为股权架构设计不合理。合理的股权架构设计是企业成立的第一步，也是创始人保证企业控制权的基础。

2.1 股权结构是公司组织的顶层设计

什么是股权结构？股权结构是指股份企业总股本中，不同性质的股份所占的比例以及相互关系。股权结构是企业治理结构的基础，企业治理结构是股权结构的具体运行形式。股权结构的不同决定了企业组织结构的不同，决定了企业治理结果的不同，决定了企业的行为和绩效。总而言之，股权结构是企业组织的顶层设计。只有股权设计合理，企业才能持续运营下去，并获得好的发展。

例如，截至 2017 年 5 月，京东股价为 35.45 美元，总市值超过 500 亿美元，在中国互联网上市公司中排名第四，其市值仅次于腾讯、阿里巴巴、百度。京东之所以能有这么好的成绩，是因为它拥有一个好的股权架构。

京东在 2017 年向 SEC 提交的 20-F 文件显示：截至 2017 年 2 月 28 日，京东一共拥有 2 856 708 469 股普通股。其中，A 类普通股为 2 386 326 636 股，B 类普通股为 4 7038 1833 股。由此看来，京东的股权架构属于二元股权架构模式，即双层股权架构。

腾讯为京东第一大股东，通过旗下黄河投资持有 516 974 505 股，持股比例 18.1%，拥有 4.4% 投票权。

京东 CEO 刘强东为第二大股东，共持有 452 044 989 股，持股比例 15.8%。其中 15.7% 股权是通过 Max Smart Limited 持有，这部分股权拥有投票权 71.7%；1.7% 是 Fortune Rising Holdings Limited 持股，占 8.3% 投票权，归刘强东所有。也就是说刘强东一共拥有了 80% 的投票权，对京东处于绝对控制的状态。

沃尔玛为第三大股东，持股289 053 746股，持股比例10.1%，占2.5%投票权。

高瓴资本为第四大股东，持有193 936 122股，持股比例6.8%，占1.6%投票权。

每个创业者、企业家、投资者都在强调合理的股权结构，那么合理的股权结构到底能起到什么作用？可以归纳为以下六点（见图2–1）。

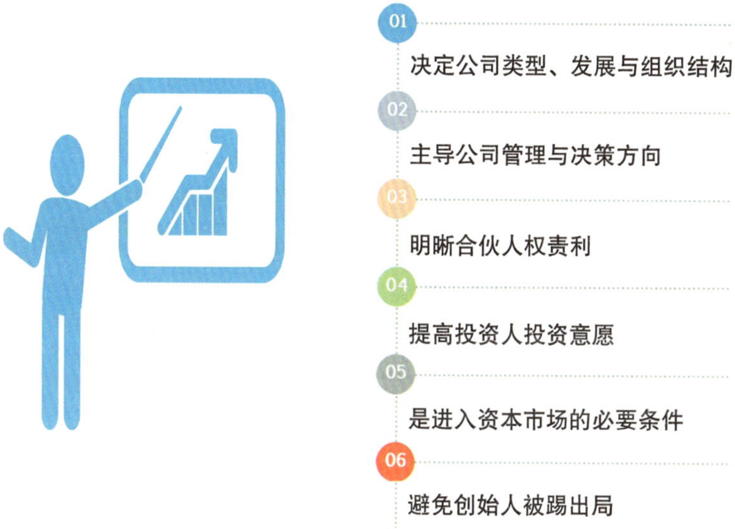

图2–1　股权架构的六大意义

1. 决定企业类型与组织结构

企业具有什么样的股权结构对其类型与组织结构的形成具有重大意义。所以，创始人在设计股权结构时应注意以下两个问题（见图2–2）。

2. 主导企业管理与决策方向

股权是建立在投资基础上产生出来的所有权，企业管理与决策来源于股权或是基于股权的授权。因此，股权的分配制度直接影响了企业管理与决策的方向。一些投资者并不参与企业管理，只是作为单纯的投资者存在；有些投资者却掌握了企业管理权，具备了一定的决策权力。其差别就在于掌握股权的多少，以及对决策的参与程度。股东的意见对企业的管理与决策具有重要作用。

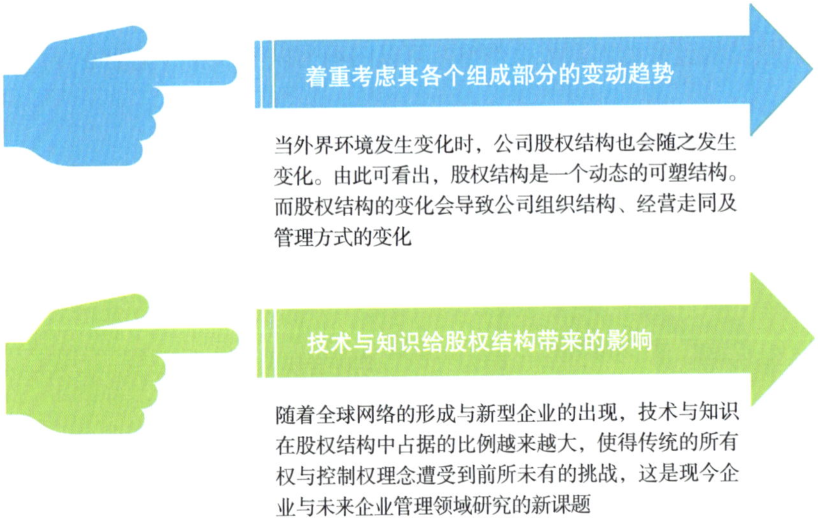

图 2–2　股权架构设计应注意的两大问题

企业创始人要掌握企业的绝对话语权，必须掌握大部分股权份额，成为法律上的控股股东。《公司法》对于控股股东的含义做如此解释（见图 2–3）。

3. 明晰合伙人权责利

合伙创业不仅要追求情怀，追求志同道合，也要注重最终实现的实际利益。股权体现的是合伙人之间的利益与责任。谁贡献得越多，谁就能占据越多的股权；谁的股权越多，需要做出的贡献也越多。如果只是占着股权不干事儿，那么无论合伙人之间有多好的情谊，最终都可能分崩离析。

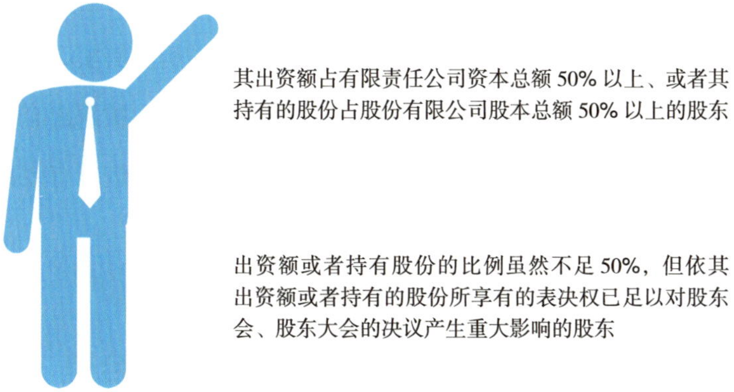

图 2-3 《公司法》对控股股东的解释

4. 提高投资者投资意愿

投资者在投资时，不仅会关注产品，关注创始人对产品的情怀，关注企业的发展进程，还会关注企业的股权架构是否合理。如果股权架构设置不合理，投资者是绝对不会投资的。因为投资者对初创企业的投资，绝大部分看的是团队，他相信只有这个团队才能带给所投企业好的发展，如果股权设置不合理，企业最后的控制权不在该团队手中，那么投资者就无法相信这个企业能有好的发展。

5. 是进入资本市场的必要条件

大部分创始人在成立企业时，都有 IPO 的目标。企业如果想 IPO 成功，其股权结构就必须做到明晰和合理。这是基础条件，更是必要条件。因为只有股权架构合理明晰，才能让企业拥有一定的盈利，达到上市标准，避免风险的存在。

6. 避免创始人被踢出局

1 号店创始人于刚被踢出局又强势回归的事件，引起不少业内人士反思。离开与回归的背后，是创始人与投资者之间的利益博弈。究竟谁能赢得最后的胜利，博弈战争的关键点就是股权结构。其实，创始人为了企业发展稀释股权不断融资，最后痛失企业控制权，被踢出企业的案例时有发生。这些案例不断地警告创业者，必须对股权进行有效控制。

2.2 设计股权架构生命线，让股权架构合规合理

专业人士研究发现，股权架构有九条生命线（见图 2–4）。只有把握好九条生命线，股权架构才能合理合规，创始人在融资的过程中，才不会失去对企业的控制权。

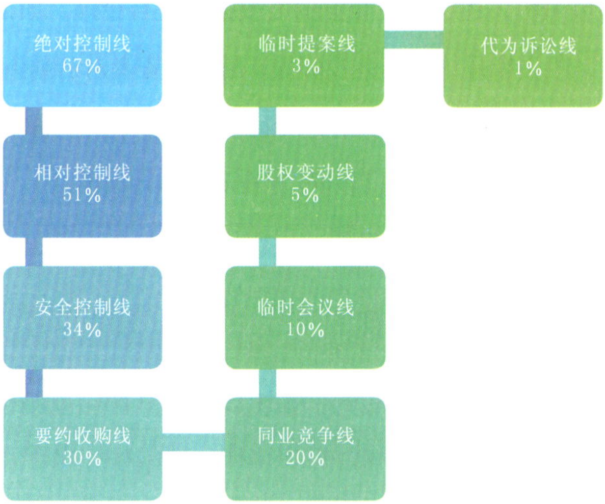

图 2–4 股权控制的九条生命线

1. 绝对控制线：67%

是指创始人掌握了企业的67%的股权，对企业修改公司章程、合并、变更主营项目、重大决策等有绝对控制权利。《公司法》第四十二条规定：股东会议由股东按照出资比例行使表决权，但要注意以下几个问题（见图2–5）。

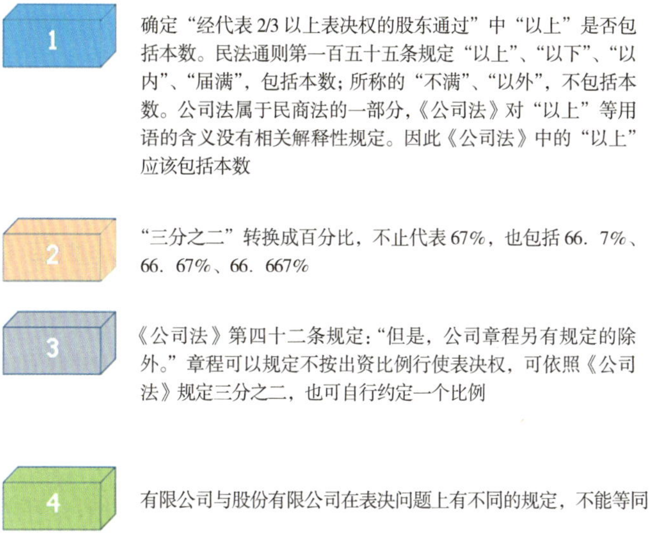

图2–5　设计绝对控制权需注意的四个问题

2. 相对控制线：51%

是指创始人占据企业股份的51%，对企业的重大决策表决有相对控制权。从法律层面上来说，这只是一个相对的控制权，一部分事项创始人可以决定，但是涉及重大事项、增资减资，以及企业的解散、注销，创始人并没有决定的权利，需要股东会投票进行。

3. 安全控制线：34%

是指创始人对于董事会的决议可以不同意，拥有一票否决权。也可以理解为创始人对企业的控制处于一条安全线上。

《公司法》规定，企业的重大决策需要 2/3 以上表决权通过。如果有一个股东拥有超过 1/3 的股权，另一方的表决权就无法达到 2/3 以上，那么该企业的重大决策就无法通过。如此，就代表创始人只要拥有 34% 的股权，就拥有了控制企业的生命线，即安全控制权。但是，对于其他只需要半数以上通过的事宜，创始人就无法拥有否决权。

4. 要约收购线：30%

要约收购线主要针对上市企业，初创企业并不涉及。如果企业有上市需求，那么就需要关注 30% 这个点。如果企业已经上市了，某位股东持股 30%，其要想控制企业，就需要加大股份占比。但是《证券法》与《上市公司收购管理办法》都有规定：如果要收购该企业，已经有 30% 股份的股东，需要向所有股东发出通知，表明自己的收购意图。

5. 同业竞争线：20%

同业竞争是指上市企业所从事的业务，与其控股股东所控制的其他企业，或实际控制人所控制的其他企业所从事的业务相同或相近，双方构成直接或者间接的竞争关系。法律上对此没有明确的规定，一般认为，关联企业特指一个股份公司通过 20% 以上的股权关系或者重大债权关系能控制或者影响任何企业，包含股份公司的大股东、子公司、并列子公司以及联营公司等。

6. 临时会议线：10%

是指股东如果拥有 10% 的股份，就可以拥有举行临时会议的权利，并拥有临时提出质疑、调查、起诉、清算、解散公司的诉权。因此，在设计股权架构、做股权激励或者引进投资者时，最好不要让企业的某个利益小团体的持股比例超过10%。

7. 股权变动线：5%

是指上市企业如果有超过5%的股权要转让或者变更，就需要进行公示与披露。除此之外，《公开发行证券公司信息披露编报规则（第12号）——公开发行证券的法律意见书和律师工作报告》（证监发〔2001〕37号）第三十八条对5%的股权有以下规定：企业必须就拟上市公司与持有拟上市公司股份5%以上的关联方之间是否存在同业竞争等进行说明。根据该规定，IPO审核中同业竞争的判断范围扩大至持有拟上市公司5%以上的关联方，包括：持有拟上市公司5%以上股份的法人股东及其控制的企业，以及直接或间接持有公司5%以上股份的自然人股东的直系亲属所控制的企业。

8. 临时提案线：3%

是指企业股东拥有3%的股份，就拥有临时提案的权利。《公司法》第一百零二条规定：单独或者合计持有公司3%以上股份的股东，可以在股东大会召开十日前提出临时提案并书面提交董事会；董事会应当在收到提案后两日内通知其他股东，并将该临时提案提交股东大会审议。临时提案的内容应当属于股东大会职权范围，并有明确议题和具体决议事项。

9. 代为诉讼线：1%

是指企业股东如拥有1%的股权，就可以拥有间接的调查与起诉权，也称派生诉讼权。《公司法》第一百五十一条规定：有限责任公司的股东、股份有限公司连续180天以上单独或者合计持有公司1%以上股份的股东，可以书面请求监事会或者不设监事会的有限责任公司的监事向人民法院提起诉讼；监事有本法第一百五十条规定的情形的，前述股东可以书面请求董事会或者不设董事会的有限责任公司的执行董事向人民法院提起诉讼。

2.3 设计股权架构类型和分配策略，有效遏制平均主义

一些创业型企业，为了能让团队更加团结、更有凝聚力，在设计股权结构时，采取平均主义。原意是让团队成员感到公平，但结果却造成了不公平。除此之外，均股制也会导致团队缺乏真正的决策人。在实践中，无数案例证明五五分是最糟糕的股权结构。

1. 三大结构类型，避免平均主义

企业股权架构该如何设计才能避免平均主义呢？可以按照以下三种类型设计股权架构。

（1）一元股权结构

是指股权比例、表决权或者投票权、分红权呈现一体化。在一元股权结构下，由股权比例决定中小股东的权利。在实际运用中，该结构存在几个表决权的节点（见图2-6）。

图中的第三种出资比例可以避免企业在表决时，形成僵局情况。因为，一方的表决权已经达到三分之二以上，对任何表决事项都可以单方形成有效表决，除非公司章程有对股东同意表决人数做出最低底线的要

求。图中第四种五五均分的股权结构是最糟糕的情况，其意味着企业做任何决议都需要双方达到一致。

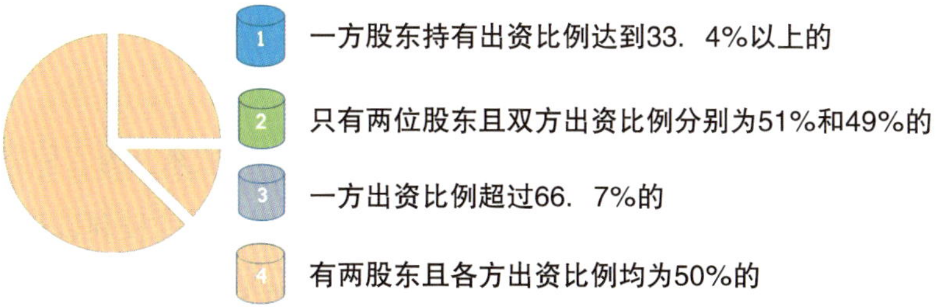

图 2-6　一元股权结构中存在的四大表决权节点

（2）二元股权结构

也称为双重股权结构，双重股权制。是指股权在股权比例、表决权或投票权、分红权之间做出不等比例的安排，对股东的权利进行分离设计。通常将股权划分为高、低两种投票权（见图 2-7）。

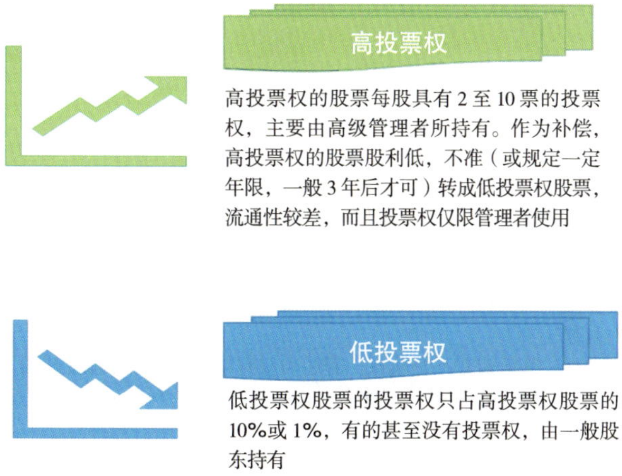

图 2-7　二元股权结构的高、低投票权

百度在上市时就采用了二元股权结构，把上市后的百度股份分为 A 类与 B 类股票。在美国股市新发行的股票称为 A 类股票，在表决权中，每股为 1 票；创始人的股份为 B 类股票，即原始股，其表决权为每股 10 票。上市前所有股东持有的股票为原始股，一旦原始股出售，则为 A 类股票，表决权从 10 变为 1。

(3)4×4 股权架构

该种股权架构建立在二元股权架构的基础上，把股东分为四种类型，分别为创始人、合伙人、员工、投资者，针对各种类型的权利进行整体性安排。在中国，有不少企业都采取了 4×4 的股权架构模式。4×4 是指四种类型的持股人。

2. 把握股权结构分配策略，有效遏制平均主义

一旦涉及到股权架构问题，就会涉及到合伙人股权怎么分配的问题。初创企业只有把握好合伙人股权分配的方法，才能有效遏制平均主义，设计出最合理的股权架构。

如果企业想有效分配股权，那么在分配前就必须先了解三个概念（见图 2-8）。

股权

这是一开始就要给技术合伙人的，如此技术合伙人的参与感与心理安全感才能更好，适合创业合伙人

期权

其最初并不是股权，需经历成熟期与行权后才能变成股权，适合非核心团队的员工

限制性股权

给对方股权，如果发现对方无法达到企业的要求然后再收回

图 2-8 分配前需了解的三个概念

根据专业人士对硅谷创业企业以及中国赴美上市企业的股权架构研究，初创企业可以根据以下四个维度给合伙人分配股权（见图 2–9）。

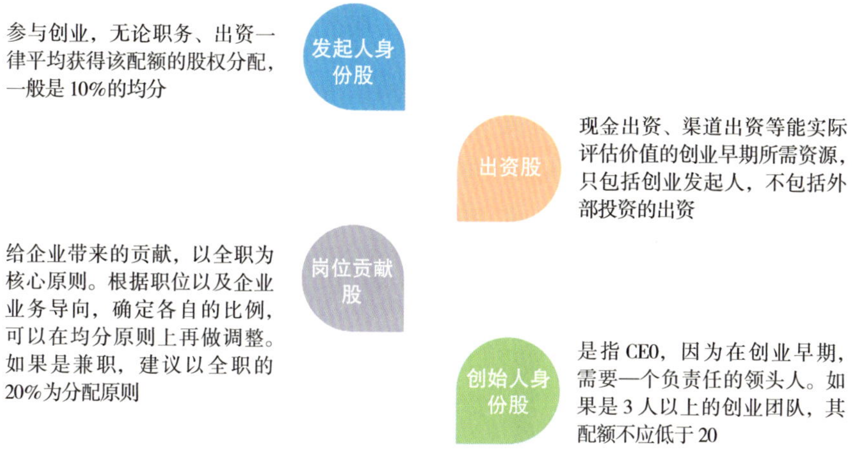

图 2–9 股权分配的四个维度

2.4 设计股权架构贡献估值法，合理分配股权，调解合伙人矛盾

创业者合伙创业，有的人提供资金，有的人提供物资，有的人提供技术，有的人提供市场资源。每个合伙人对企业的贡献不同，各个贡献的性质也不相同。因此，无法进行等价对比。如果没有明确界定贡献价值的标准，那么合伙人之间很容易出现矛盾。该如何对创业者做出的贡献进行估值呢？

按照估值法，企业要在创始人之间合理分配股权，就要先计算其对创业企业的各种贡献要素的价值，然后加起来计算出总投入的价值，再折算每个人得到投入价值占总价值的比例。

例如，创始人 A 的贡献技术研发估值为 40 万元，贡献资金为 20 万元，所有人总投资估值为 200 万元。那么，创始人 A 的贡献比例就是 30%，因此，其可得到的股权为 30%。

具体而言，创始人对企业的贡献要素包括以下 5 个方面，每个要素的估值计算方法都有所不同（见图 2–10）。

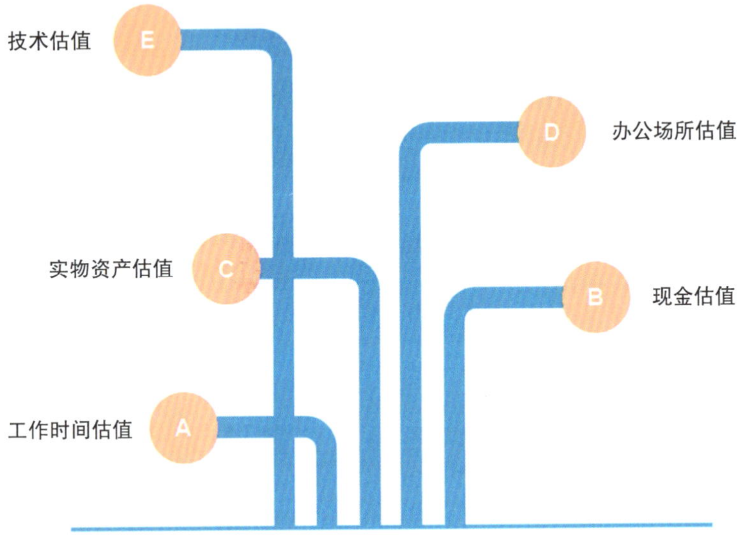

图 2–10　创始人对企业的五大贡献要素

1. 工作时间估值

工作时间的投入，是创始人对企业最为重要的贡献。创始人的时间投入价值应该如何计算呢？最合理的方式是按照人才市场的工资标准进行计算。

比如创始人在开始创业时，按照市场价，其每月工资为 3 万元，但因公司初创业资金紧张，他只拿了 1 万元工资。那么，剩下的 2 万元就可以算作创始人的投资。每个创始人的投资汇集到一起，即为总投资。每个人的投资与总投资之间的百分比，就是企业发放股权的参考依据。

2. 现金估值

对初创阶段的企业来说，现金非常重要。现金的价值最为明确，根本不需要进行市场估值，金额说明了一切。当企业发展到一定阶段后，有更多的投资者加入，此时因为企业有了更多资金来源选择，所以资金的重要性就降低了。但是，在初创阶段，企业前景未定，资金来源选择空间极低。因此，创业之初投入的现金，其价值一般大于实际金额。

3. 实物资产估值

实物资产也可以看作是现金投资，因为实物是需要通过现金购买的，是现金投资的另一种表现形式。但是，对实物资产的估值，需要满足以下两种条件中的一条（见图 2-11）。实物资产的计算方式是：如果是全新的资产则按购买价计算；如果已经使用过一段时间，则按当前可卖出的价格计算。

图 2-11　实物资产估值需满足的两个条件

4. 办公场所估值

创立企业必须有办公场所，因此创始人可能会向企业提供办公地点、仓库、店铺，以及其他一些企业经营所必需的场地。如果创始人无法提供，就必须向外租赁。而这笔省下的租金，就可以作为创始人对企业的投资。当然，不是所有的场地都可以折算为企业的价值，以下几种情况就无法进行计算（见图 2–12）。

1.超出需要的场地，对企业没有价值

比如，企业只有 5 个人，只需要 30 平方米的办公室，创始人提供了 500 平方米。那多出的 470 平方米，对公司就没有任何价值

2.本来就不能为创始人营利的场地，创始人提供给了公司

如果这个场地，创始人本来就没有拿它用于经营活动、不能为创始人带来现金收益，那么这个场地也不能折算价值。因为创始人把它提供给创业企业，并没有导致创始人利益受损

图 2–12　办公场所无法估值的两种情况

5. 技术估值

技术估值主要包括专用技术、知识产权，虽然其属于无形资产，但对于企业的发展有至关重要的作用。如果创始人提供此类无形资产，就应以该无形资产的市场价值作为对企业的投入贡献；如果只是授权而不是转让，那么就要将其当作企业“应该支付，但未支付”的许可使用费，当作创始人对企业的一种投资。

此外，技术估值还包括创意。这里的创意不是指单纯的创业点子或者是初步想法，而是指经过了反复的思考与研究，并进行了一系列试错，得到了基本的落实，形成了成熟的商业计划。这样能够让人看到市场前景的创意才是具有价值的贡献，才能对其进行估值。

2.5 设计股权架构不同时期股权比例，保证企业创始人控制权

随着企业规模和业务不断扩大，需要对接投资机构和资本市场，不断地稀释股权来换取资金。随着融资的进程，企业在上市之前都会进行 3 ~ 4 轮的融资，个别企业融资甚至多达十几轮。不同阶段的融资，企业需要的股权架构是不同的（见图 2–13）。

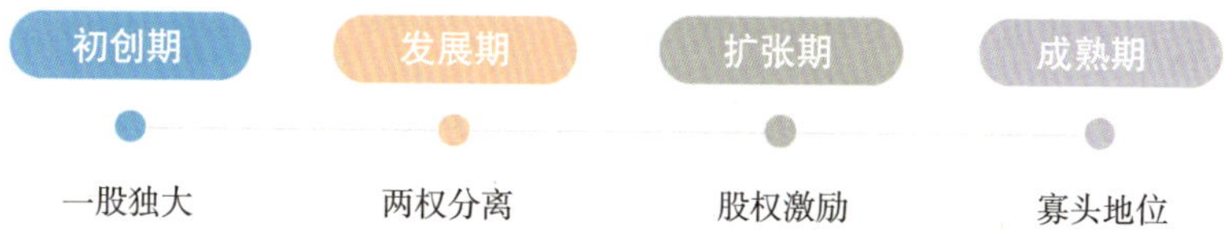

图 2–13　企业不同阶段的股权设置

1. 初创期：一股独大

创业一般由几个创始人组织一个团队来推进与实施，其核心创始人就是获得股权分配的创始股东之一。在现实中，有不少初创企业容易出现不合理分配股权的情况。原因有二：一是碍于情面，认为大家都是朋友、同学、兄弟，股权谁多谁少都不好；二是早期企业一般没有充裕的现金来等价交换创业所需要的资源与能力，所以只能用股权来交换。

资金在创业早期再重要，也没有股权重要。因为资金在企业发展过程中是可再生的，但股权却不能。因此，企业在分配股权时需要遵守的第一个核心原则是：能用钱解决的问题就不要用股权来解决。

那么，企业在初创时期如何设置股权比例才是正确的呢？实践证明，那些成功的大企业，在初创期往往是“一股独大”，因为这样可以提高企业的决策与效率。初创期，企业创始人的股份最好在 67% 以上，以保证绝对的控制权。

2. 发展期：两权分离

企业到了发展期，逐步走向规范化，企业创始人逐渐将权利下放，企业的中、高层的雏形已开始显现。此时，企业就需要考虑中层、高层员工进行股权激励的问题，在这个阶段，企业的股权架构就需要一次变动。

进行股权激励后，创始人可通过两权分离的形式保证对企业的控制权，即把企业的所有权与经营权分开。

两权分离的另一种表现形式是新老业务股权的分离。企业在发展过程中，会不断开发新业务，重新设立一个企业，这种业务被称为“战略性业务”。考虑到安全问题，企业就需要把新业务与旧业务进行划断，如此股权架构的性质就不一样了，创始人的股份与其他的股份就不处于一个层面上。为了保证创始人对旧业务的控制权，企业可以把所有的员工股、激励股、投资者股放在新业务上。这些股东只有对新企业的查账权、知情权，没有对旧企业的知情权。如此就在新旧企业之间竖起了一道防火墙，确保了企业的稳定与安全。

一般战略性业务都需要专业的经理人来运作，因此需要通过股权激励的方式来激励经理人，同时新企业前期并不盈利，所以需要引进资金，因此就需要稀释一部分股权。一般情况下，未上市企业员工激励的股权稀释比例应控制在10%以内，上市企业则应控制在5%以内，投资者稀释的股权比例应控制在10%～20%之内。在企业的发展期，创始人要掌握相对控制权，应控制的股份比例是51%或51%以上。

3. 扩张期：股权激励

企业进入扩张期后，市场份额逐步提升，吸引了不少投资者的关注。此时，企业一方面需要引进风险投资，另一方面则需要完善治理结构。要完善治理结构，就需要进行股权激励。比如对中、高层员工的激励。

在扩大企业规模、完善治理结构的过程中，释放的股权比例一般应在10%～15%的范围内。如此，创始人还能拥有企业1/3以上的股份，对企业重大事件保有否决权。

4. 成熟期：寡头地位

成熟期的企业已经形成了比较稳定的规模与市场影响力，此时就需要强化自己的寡头地位，在这个过程中，创始人只需要掌握好股权的控制权与稳定性即可。在这个时期，创始人无须掌握1/3的股份，即使只拥有10%的股份，也可以保证对企业的控制权，因为此时企业已经实行了公众治理。

2.6 多角度设计股权架构，满足所有资源提供者需求

初创企业在设计股权架构时，如何才能满足所有资源提供者的需

求，让他们乐意为企业提供尽可能多的资源，又能让企业股权架构设置得更合理呢？这需要从投资者、创始人，以及合伙人角度去设置股权架构。

1. 从投资者角度设置股权架构

投资者愿意投资初创企业，除了看重企业本身以及创始人能力之外，最为关注的是企业股权架构。一般的投资者对初创企业的股权结构分配有以下几个嗜好（见图 2–14）。

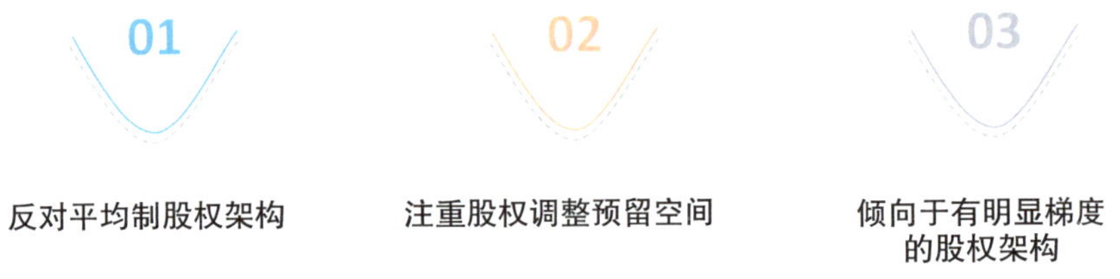

图 2–14　投资者对股权架构的三个嗜好

（1）反对平均制股权架构

对于刚成立的规模较小的企业，投资者更喜欢让企业的核心人物拿到比其他人所占的股份总数还要多的股份，比如 66%、51% 的股权比例。投资者之所以让企业核心人物一股独大，其原因在于核心人物如果对企业有绝对或相对控制权，那么企业的决策就不会被外在因素所感染，从而使企业实现快速增长，降低投资者的风险。

（2）注重股权调整预留空间

投资人都注重初创企业在创业初期是否为股权调整预留了足够的空间，为之后加入的核心管理层与员工设计期权池，这也是证明创始人是否有长远眼光的举措。因为随着企业的发展，需要引进更多的人才与资金。如果没有预留足够的股权调整空间，那么就要稀释早期投资者的股权，这是多数投资者都不愿意看到的。

（3）倾向于有明显梯度的股权架构

一般的投资者都比较喜欢“创始人持股 50% ～ 60%+ 联合创始人持股 20% ～ 30%+ 预留股权池 10% ～ 20%”的有明显梯度的股权架构。

2. 从创始人角度设置股权架构

从创始人角度而言，股权架构的设置无非就两点，即对于自己要有足够的股权控制，对于他人，谁为企业提供的资源多，就给谁更多的股权。

（1）加强创始人对企业的控制权

拥有企业控制权的最好方式是股权控制。但是，有时因为各种原因，创始人无法在股权份额上占据绝对优势。那么，在这种情况下，创始人如何保证自己对企业的控制权呢?

方式一，让创始人拥有更多具有高表决权的股票，而让其他对企业起不到大作用的人获得更低表决权的股票，以此来实现创始人对企业的控制。

方式二，创始人还可以通过投票权委托、一致行动人，或者通过设置持股实体来持有小股东所持有的股权来实现对企业的控制权。

方式三，可以通过授予创始人对一些重大事项的否决权，如合并、分立、解散、融资、上市、年度预算结算、重大资产出售、审计、重要人士任免、董事会变更等来实现对企业的控制权。创始人有了否决权，即使股权低于 50%，在股东会决策中，其也能拥有主动权。没有创始人的同意表决，决策就无法通过，这样做能起到防御性的效果。

（2）谁带给企业资源多，谁就能多得股权

对于创始人而言，哪些合伙人能分得股权，哪些员工能分得股权，是非常重要的问题。在细分合伙人和员工股权时，决定是否分和分多少的关键因素，在于他们能给企业带来哪些资源。

资源可分为两种，一种是短期资源，一种是长期资源。前者是指给企业提供短期贡献的，为企业解决某一时期内的问题的资源。比如企业需要一个政策优惠，或者需要一个技术支持，某个合伙人或者员工能支持，那么其就可以获得股权。在分股权时，需要注意因为是短期需要，所以股权份额不可过多。后者则是指为企业提供的资源是长期有贡献产出的，那么，此时就可以根据其贡献的大小来决定其获得的股权比例。

3. 从合伙人角度设置股权架构

从合伙人的角度来设置股权架构，首先要明确怎样的人才是初创企业的合伙人。短期资源提供者、投资者、外部投资者、兼职人员、早期普通员工都不适合称为企业的合伙人。最好的合伙人是能为初创企业实现资源互补的。

其次，挑选出合伙人之后，为了保证合伙人能倾尽自己的资源为企业做贡献，需要设置一个机制，让合伙人通过资源付出获得股权，即股权成熟机制。此外，合伙人也可能因为各种原因无法履职，譬如因故意和重大过失被解雇、离婚、死亡继承以及犯罪等离开企业，所以要考虑设置合伙人股权兑现回购机制，或者考虑使用限制性股权。

2.7 设计股权架构退出机制，消除不安定因素

初创企业的创业之路充满坎坷，创业团队的变动，时常给企业造成各种各样的问题。尤其是合伙人退出时手中的股权问题，如果处理不当，就有可能影响企业的正常运营，是一个隐患极大的不安定因素。如何才能消除不安定因素呢？可以采取以下两种办法。

1. 事先制定退出机制

正所谓未雨绸缪，只要在企业创始之初就制定好相关退出机制，无论合伙人选择在哪一个阶段退出，都可以有相应的机制来解决这个问题。

如果企业设计好完善的退出机制，那么，当合伙人退出时，就可以按照既定的规则进行股权回购。具体的价格可以参考当时企业发展的情况进行估值，并进行适当的议价。

有的合伙人即使退出了企业，但是因看好企业发展，可能存在不退回股权的情况。企业如果想避免这种情况，不妨在签订股东协议时制定相关条款，规定一旦违约就要付出高额违约金。

2. 合伙人退出的"成熟机制"

在设计合伙人退出机制时，可以按照以下三个方面进行（见图2-15）。

（1）限制性股权

在分配股权时，初创企业最好设定限制性股权。限制性股权首先是股权，其次是权利限制。权利限制是指合伙人掌握的股权与其服务期相关，即到什么时间退出企业才可以获得多少价格的股权回购。

（2）分期成熟

分期成熟一般有四种模式。一是到 4 年服务期，合伙人每年可兑换手中股权的 25%，也就是 1/4。二是满 2 年成熟 50%，是指在企业服务两年即可兑换手中股权的一半，第三年兑换 25%，第四年兑换 25%。三是第一年成熟 10%，是指服务期满一年即可兑换手中股权的 10%，第二年兑换 20%，以此类推。合伙人为企业服务的时间越长，成熟的股票就越多。四是第一年成熟 20%，是指合伙人为企业服务满 1 年，即可兑换手中股权的 20%，剩余的股权在 3 年内兑现完毕。

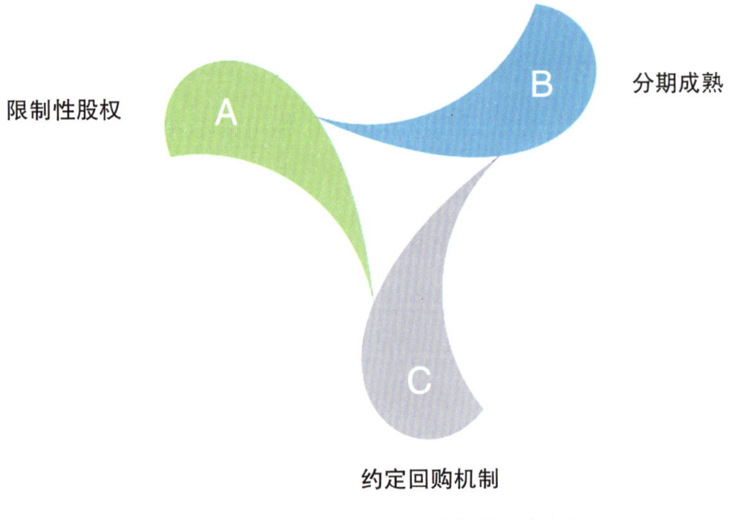

图 2-15　合伙人退出"成熟机制"的三个方法

（3）约定回购机制

合伙人在离职时，企业该用什么样的价值回购对方手中的股权呢？可以参考三个因素：一是参照股东股买价格的一定溢价；二是根据合伙人离职的时间，参照企业当时的净资产；三是依照最近融资估值的折扣价。

第3章

股权融资：

对接资本，扩大企业规模

大多数初创企业往往受国家法律、金融政策、自身实力等多种因素制约，导致开发产品有技术没资金，开发市场有方案没资金，扩大生产有客户没资金，企业发展一直处于瓶颈期。股权融资则是通过股权与资本对接，帮助企业获得充足的发展资金，迅速扩大规模。

3.1 股权融资是无需还本付息的新融资方式

股权融资是指企业的股愿意出让部分企业所有权，引进新股东获得资金的融资方式。通过股权融资获得的资金，企业无须还本付息，但是，对于企业的盈利与增长，新股东享有与老股东同样的分享权利。股权融资的特性决定了其广泛的用途，其即可充实企业的营运资金，也可以用于企业的投资活动。

1. 股权融资的狭义与广义

股权融资作为私募基金的一种，为不少企业的上市奠定了基础，其有广义与狭义之分（见图 3–1）。

图 3–1　股权融资的狭义与广义之分

2. 股权融资的类别

股权融资按融资渠道可分为公开市场发售与私募发售。前者是指通过股票市场向公众投资者发行企业的股票来募集资金，具体形式包括企业上市、上市企业的增发与配股。后者是指企业自行寻找特定的投资者，吸引其通过增资方式入股企业。公开市场发售对企业有很高的要求，绝大多数中小企业难以达到上市发行股票的门槛，因此私募发售成为中小企业进行股权融资的主要方式。

3. 股权融资的优势

股权融资在企业投资与经营方面具有以下三种优势（见图 3–2）。

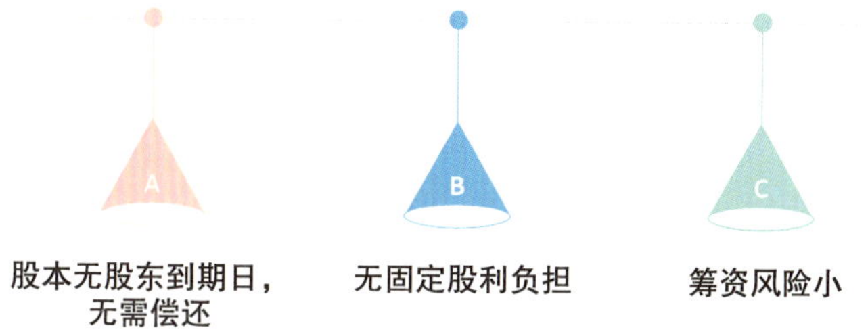

图 3–2　股权融资的三种优势

（1）股本无股东到期日，无需偿还

股权融资无需承担到期还付本息的压力，所获得资金属于企业的永久性资本，在企业持续经营期间内都无需偿还，除非企业倒闭。

（2）无固定股利负担

因为以上市企业在股利分配形式上多采用（除了现金股利之外的）送给、配股、暂不分配等形式，所以股权融资的成本相对较低。

（3）筹资风险小

中国证券市场正在发展中，可供投资的对象较少。但是，投资者的投资需求却较大，进行股票投资的热情也较高，这导致中国股票市场的市盈率与股价长时间处于较高水平。因此，如果企业是通过上市的方式进行股权融资，就可以及时获得足额的募集资金。同时，普通股本没有固定的到期日，一般也无需支付固定股利，所以不存在还付本息的风险。

4. 股权融资的风险

股权融资因为类别不同，其所需要承担的风险也不同。

企业如果通过公开市场发售进行股权融资，那么需要承担以下几种风险（见图 3–3）。

1. 上市条件高，一般企业难以达到
2. 上市时间长，竞争激烈，无法满足企业紧迫的融资需求
3. 信息报道成本高，信息公开可能会暴露商业秘密
4. 必须以出让部分产权作为代价，分散企业控制权，同时需出让较高的利润收益

图 3–3　公开市场发售企业需面临的四大风险

企业如果选择私募发售进行股权融资，则需要承担以下几种风险（见图 3–4）。

1. 企业出让股权后，原股东股权被稀释，可能会丧失企业控制权，股东间关系产生变化，其权利与义务都需要进行重新调整
2. 随着股权结构的变化，企业的管理权也相应发生变化，管理权将归股权出让后的控股股东所有
3. 如果企业的管理权发生变化，新管理者的企业发展战略可能产生改变，因此需承担一定的改革风险
4. 投资者往往希望尽快获得投资回报，可能不像企业创始人那样注重企业的长远发展，因而可能改变企业发展战略

图 3–4　私募发售企业需承担的风险

3.2 掌握融资方式，让资金一步到位

股权融资是企业解决资金的一种有效手段，企业可以通过哪些手段进行股权融资呢？纵观市场的股权融资，其股权融资方式主要有：股权质押、股权转让、股权增资扩股、股权私募四种。

1. 方式一：股权质押

股权质押又称为股权质权，是指出质人用自己的股权作为质押标的物而设立的质押。一般观点认为，以股权为质权标的物时，质权的效力并不等于拥有股东的全部权利，只是拥有其财产权利。换言之，就是股东出质股权后，质权人只能行使与财产权利相关的权利，如收益权，企业重大决策与选择管理者等与财产权利无关的权利仍由出质股东行使。如何具体理解股权质押呢？我们可以通过案例了解一下。

如一家注册资金1000万元、以生产制药添加剂为主的高科技企业，为了扩大生产规模，需要对外进行融资。因没有任何高附加值的实物做抵押，该企业就将第一大股东的90%股权作为质押物抵押给创投公司，成功融资500万元人民币。2016年9月，该制药企业主要股东发生变故，需要转换股东与法人代表。因此，该企业股权调整完毕后，需重新办理股权质押。

（1）判断标的物的标准

判断股权质押的标的，需要从以下两个方面进行。

第一，当股权出质时，需确定出质人的权利。无论是财产权利还是

全部权利，都不能像实体物那样转移占有，只能通过转移凭证或登记来进行。

第二，出质人无力清偿债务时，需注意质权执行问题。《担保法》第 71 条规定，债务履行期届满职权人未受清偿的，可以与出质人协议以质物折价，也可以依法拍卖、变卖质物。

（2）股权质权的担保功能

股权质权作为一种担保物权是为担保债权的实现设立的，股权质押担保力的大小直接决定了债权的安全，关系质权人的切身利益。因此，分析股权质权担保功能，对质权人来说，是非常重要的。

第一，对出质权价值的分析。股权质权的担保功能是建立在股权价值上的，股权价值的大小直接决定了股权担保功能的大小。股权价值的内涵体现在两个方面：一是红利；二是分配企业剩余财产。因此，出质股权价值的大小取决于以下几个方面（见图 3–5）。

1 可获得红利的额度

其由企业盈利能力、发展前景所决定。以股票出质的，股票的种类如优先股和普通股，也是影响其红利额度的因素

2

其由企业资产及负债情况决定。以股票出质的，股票种类是其关键影响因素

3 出质股权的比例

股权比例越高，股东可获得红利与剩余财产就越多，反之亦然。因而，处置权的大小与出质权的比例成正比

图 3–5　决定出质股权大小的三大因素

第二，对出质股权价值交换的分析。股权的交换价值是股权价值的表现形式，也是股权在让渡时期的价格反映。出质股权的交换价值是衡

量股权质权担保功能的直接依据，即债权的价格。出质股权的交换价值受以下几个因素影响（见图 3–6）。

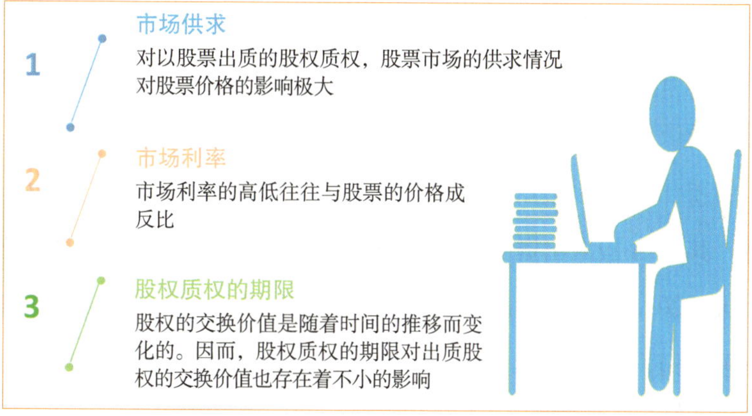

图 3–6 影响出质股权交换价值的三大因素

（3）股权质权的实现

股权质权的实现是指股权质权人对其债权的清偿期已满，需要进行清偿。处分出质权可以让债权得到优先清偿。股权质权的实现方式，即对质物处分的方法。股权质权的实现，与动产质权相同，一般需符合以下两个条件（见图 3–7）。

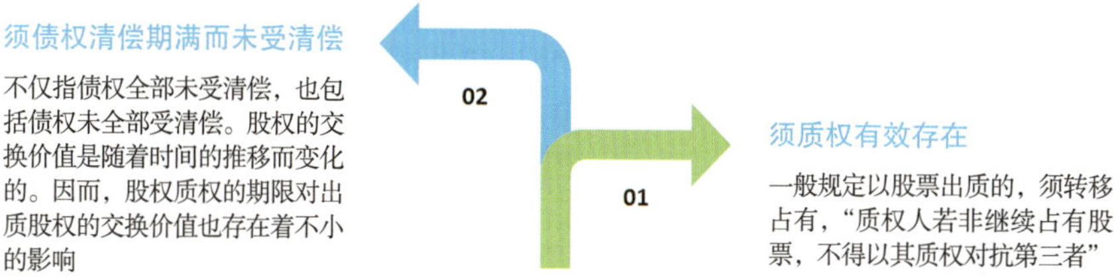

图 3–7 股权质权的实现需符合的两个条件

2. 方式二：股权转让

股权转让，是指企业股东按照相关法律规定把手中的股份转让给他人，使他人成为企业股东的民事法律行为。股权转让是一种物权变动行动，转让后，股东基于股东地位而把对企业所发生的权利义务关系全部转移于受让人，受让人因此成为企业的股东，获得股东权。

如浙江宁波某液压公司于 2014 年 4 月 29 日成立，有四位股东出资组建，其中 A 股东出资 15 万元，占出资额的 30%，同时担任企业法定代表人，2015 年 4 月，A 股东将手中的 30% 股权转让给上海的一家液压有限公司，并约定转让价格为 15 万元，于 2015 年 4 月 6 日前支付完股权转让款。

（1）股权转让的种类

股权转让是转让方与受让方达成一致而发生的股权转移，因此，股权转让应为契约行为，需要通过协议的形式加以表现。根据协议的形式，股权转让可以分为以下几种（见图 3–8）。

图 3–8　股权转让的种类

（2）股权转让的形式

有限责任公司股东转让出资的方式有两种（见图 3-9）。

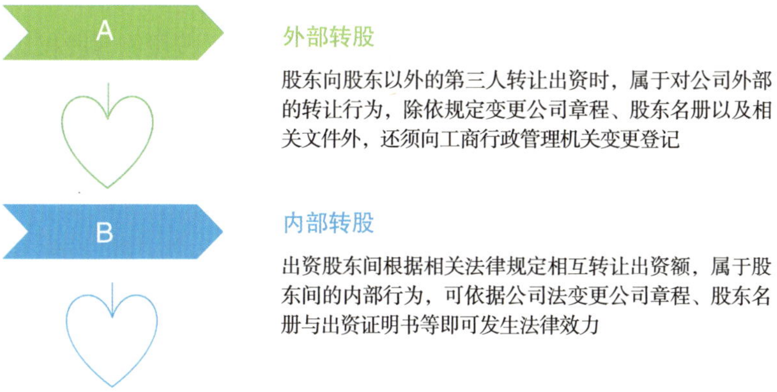

图 3-9 有限责任公司股东转让出资的两种方式

3. 方式三：增资扩股

增资扩股是权益性融资的一种形式，是指企业向社会募集股份、发行股票、新股东投资者或原股东增加投资扩大股权，从而提高企业资本金。对于有限责任企业而言，通常是指企业增加注册资金，新增部分由新股东认购或新老股东一起认购。

（1）增资扩股的形式

常见的增资扩股的形式主要有以下两种。

形式一：邀请出资，改变原有出资比例。例如，某企业原出资总额为 2000 万元，其中，A 出资 1000 万元，占出资总额 50%；B 出资 600 万元，占出资总额 30%；C 出资 400 万元，占出资总额 20%。现该企业增资 1000 万元，A 认缴 200 万元，B 认缴 600 万元，C 认缴 200 万元。认缴后，该企业原有股东的出资比例发生改变，增资后，A、B 股东各占出资总额 40%，C 股东比例不变。

形式二：按原有出资比例增加出资额。比如某企业的原有出资总额为 1000 万元，其中，A 出资 500 万，占 50%；B 出资 300 万，占 30%；C 出资 200 万，占 10%。现企业需增资 1000 万元，按照原有股权比例，A 需出资 500 万元，B 需出资 300 万，C 需出资 200 万元。如此，该企业的原有出资比例并不发生改变。该方式只适合用于股东内部增资。

（2）增资扩股需注意的问题

企业在采用增资扩股的方式实行股权融资时，有几个问题需尽力避免（见图 3–10）。

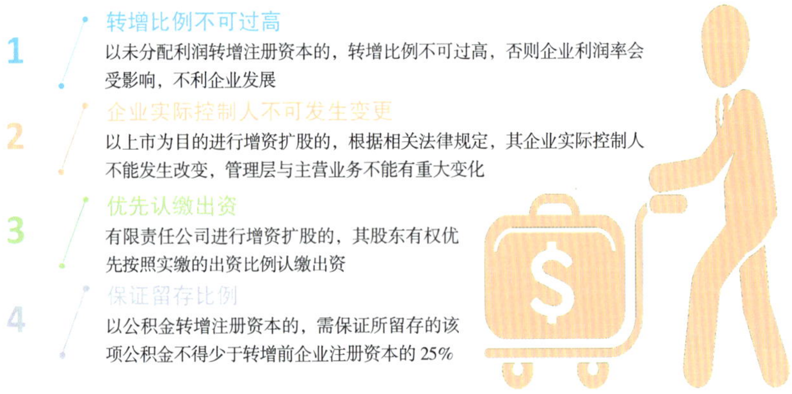

图 3–10　增资扩股需注意的四个问题

4. 方式四：私募融资

私募股权融资是相对于股票公开发行而言的，是以股权转让、增资扩股等方式通过定向方式引进新股东，人数不得超过 200 名，是一种通过增加企业新股东而获得资金的一种股权融资行为。

国内有不少企业为了获得发展，都进行了私募股权融资，如顺丰。

2013 年 8 月 20 日，顺丰速运获得来自元禾控股、招商局集团、中信资本、古玉资本的联合投资，总投资金额 80 亿元。此次融资是顺丰成立 20 年来的第一次股权融资。顺丰速运是行业领先品牌，营业收入和利润率均排在行业前列，股权结构清晰明朗，债务债权关系简单，近年来被上百家基金、投资公司所看好，因此此次顺丰的私募股权融资非常顺利。

（1）私募股权融资的特点

私募股权融资的特点主要可以概括为以下几个方面（见图 3-11）。

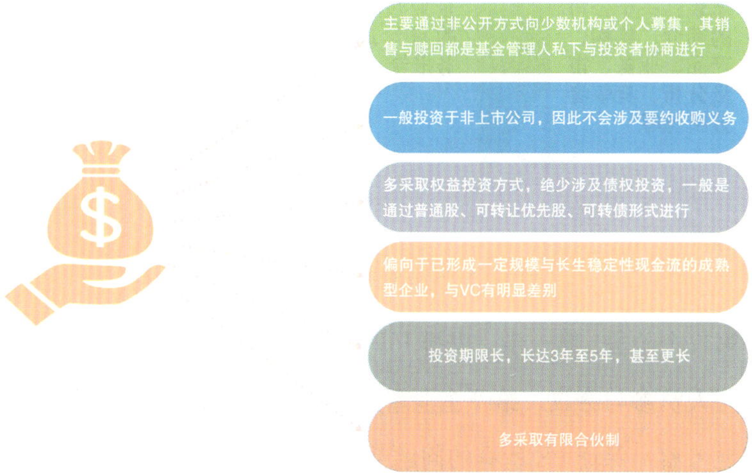

图 3-11　私募股权融资的六大特点

（2）私募股权融资流程

私募股权融资的流程主要可以分为三个阶段。

第一个阶段：第一步，企业方与投资银行签下服务协议，投资银行需要为企业获得私募股权融资提供一整套完整的服务；第二步，投资银行立即与融资企业建立专业服务小组，准备相关的私募股权融资材料（见图 3-12）；第三步，双方共同设立一个目标估值；第四步，投资银行开始与相关 PE 的合伙人联系沟通；第五步，投资银行把材料发给多家 PE，使其产生兴趣；第六步，投资银行代替企业回答 PE 第一轮问题，并决定哪一家 PE 对企业兴趣最大，能给出最高估值，及能给企业最大的帮助；第七步，过滤、筛选出最合适的投资者。

图 3-12　需要准备的私募融资材料

第二个阶段：第一步，安排 PE 合伙人与企业会谈，投资银行会委派核心人员参与会议，给予企业帮助；第二步，投资银行会陪同 PE 进行实地考察，保证 PE 所有的问题都能被解答；第三步，获得至少两到三家的投资意向书；第四步，获得若干投资意向书，形成相当于拍卖形式的竞价，为企业获得最高价格；第五步，投资银行和企业共同与 PE 进行谈判，帮助企业获得最好价格，以及确立相关条款；第六步，由企业决定接受哪家 PE 的投资，并签订投资意向书。

第三阶段：第一步，开始尽职调查，其内容包括三个方面（见图 3-13）；第二步，向 PE 发出相关尽职调查材料；第三步，投资银行会对尽职调查过程进行日常阶段管理，保证 PE 所有问题都被解答；第四步，尽职调查结束后，投资银行和企业一起与 PE 进行谈判，并签署协议；第五步，签署最终合同。投资后，PE 会向企业要求最少一个董事席位。

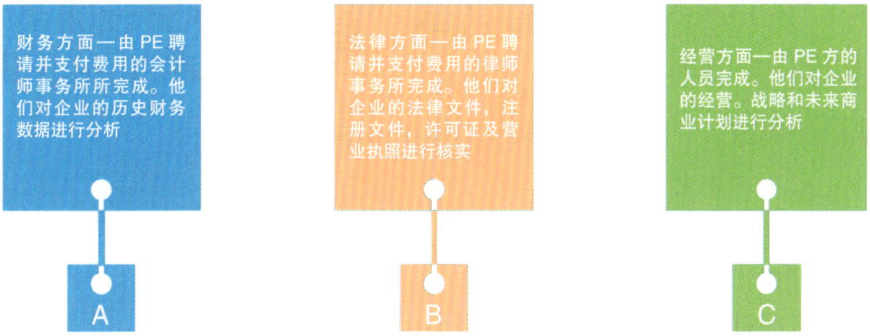

图 3–13　尽职调查的三个内容

3.3 掌握融资条件，是股权融资成功的保障

为了能够更加快速地发展，不少企业都会进行股权融资，但是，不是所有企业都能够股权融资成功。企业股权融资需要达到一定的条件、符合一定的因素，才有可能成功。

1. 基本条件

企业想要股权融资成功，需要符合以下条件。

条件一：企业主营业务突出，市场前景广阔，在行业中有较高的地位并且有良好的增长预期。如滴滴出行，其每一轮融资都能够获得各大投资者的追捧，创造新的融资记录，原因在于它的主营业务突出，市场前景广阔，并垄断了在线打车的市场。

条件二：企业管理基本规范，有较高水平，管理团队有较强的专业精神，团队结构合理。企业团队与投资者就未来发展战略与管理理念能够达成一致。譬如阿里巴巴刚开始发展时，之所以能不断获得孙正义的支持，其原因是阿里巴巴的企业管理规范高、管理团队出色。孙正义相信马云团队的执行能力，因此能够与马云团队达成一致，让其团队主导企业的控制权。

条件三：企业不存在影响上市的重大风险与障碍，预期在一定时间内就能够公开上市。如聚美优品用了三年时间就在美国纽交所上市成功，这足以证明聚美优品自身不存在重大风险。

2. 主体资格条件

企业如果想最大程度地保证股权融资成功，那么其主体资格就必须符合以下相关条件（该主体资格主要针对的是以公开市场发售形式的股权融资）。

条件一：拟融资企业应当是依法设立且合法存续的有限责任公司或股份有限公司。

条件二：企业成立后持续经营时间需在三年以上。企业成立之后因歇业、勒令停业整顿或者由其他原因导致主营业务中断的，持续经营时间应当从恢复营业之日起重新计算。

条件三：拟融资企业的注册资本已足额缴纳，发起人或者股东用作出资的资产的财产权转移手续已完成，发行人的主要资产没有重大权属纠纷或重大不确定性存在。

条件四：企业的股权清晰。实际控制人与支配的股东持有的发行人股份不存在重大权属纠纷。

条件五：近两年内主营业务突出，主营业务收入占其总收入的比例不低于 50%。

条件六：企业近两年内主营业务、董事、高级管理人员未发生重大变化，最近一年内实际控制人未发生变更。

条件七：公司业务应当独立于控股股东、实际控制人及其控制的其他企业，与控股股东、实际控制人及其控制的其他企业间不得有同业竞争或者显失公平的关联交易。

3. 财务指标条件

如果企业选择以公开市场发售的形式进行股权融资，那么其财务指标就必须符合以下条件。

条件一：最近 3 个会计年度净利润均为正数且累计超过人民币 3000 万元，净利润以扣除非经常性损益前后较低者为计算依据。

条件二：最近 3 个会计年度经营活动产生的现金流量净额累计超过 5000 万元，或者最近 3 个会计年度经营收入累计超过人民币 3 亿元。

条件三：发行前股本总额不少于人民币 3000 万元。

条件四：最近一期期末无形资产（扣除土地使用权、水面养殖权和采矿权等）占净资产的比例不高于 20%。

条件五：最近一期期末不存在未弥补亏损。

3.4 掌握 BP 关注点，打开股权融资大门

BP（Business Plan），指的是股权融资商业计划书。是企业为了达到融资目的，根据一定的格式、内容要求，编辑整理的向投资者全面展示企业当前情况、未来发展潜力的书面材料。

虽然，目前中国的股权融资市场发展如火如荼，使得不少企业依靠股权融资获得了发展资金，但是其中也不乏失败的案例。这些企业之所以得不到投资者的青睐，除了企业本身的原因，股权融资商业计划书编写得草率以及策划能力低下也是一大原因。商业计划书的编写是一个非常复杂的系统工程，除了要掌握编写技巧，还要对行业、对市场、对自身进行充分、深入地研究。专业的股权融资计划书对于融资企业来说，既是获得融资的必备材料，也是企业对自身现状与未来发展战略全面思索与重新定位的过程。

正所谓“知己知彼，百战百胜”，企业如果想通过商业计划书获得融资，那么就应该了解投资者眼中的商业计划书应该是什么样子，他们的关注点是什么。把他们想看的、所关注的都体现在商业计划书上，如此，才能激发投资者的投资兴趣。

1. 关注点一：产品优势

在进行投资项目评估时，投资者最关心的问题是融资企业的产品相比于其他企业产品的优势在哪里。优势越大，投资者投资的兴趣就越高。所以，融资企业应在商业计划书上把产品的以下内容体现出来（见图 3–14）。

产品名称、性能和特性

如小米 NOTE，使用高通骁龙 810 处理器 HIFI 双待、5.7 大英寸、1300 万像素

产品所处的生命周期

处于导入期或者成长期的产品更有投资价值

产品的市场竞争力

与其他同类产品有什么差异性，优势是什么

产品的研究和开发过程

如小米手机的研发就是和发烧级用户一起做的研究和开发，也就是用户参与

产品的市场前景预测

预测产品在多少时限内占据市场的份额

产品专利

专利技术能使产品更有竞争力，比如 oppor 9 手机的闪充

图 3-14　商业计划书需体现产品的六大特点

2. 关注点二：核心团队

不管企业的产品有多好，市场、原料供给条件多么优越，所置设备多先进，能把这些优势化为营业利润的关键是人，即企业的核心团队。团队才是企业最为核心的竞争能力。团队综合素质越强，投资者投资的意愿越高。商业计划书中对核心团队的体现需包含以下几点（见图 3-15）。

主要成员

一般需要介绍的成员有：总裁、常务副总裁、人事部总监、营销副总裁、财务副总裁、生产部总监。融资企业可以按照自身企业的情况来介绍团队的主要成员，不一定要按照上述职务来做

团队分工

团队成员的分工，意思很好理解，就是每个核心成员都负责什么样的工作。正所谓术业有专攻，不可能一个人就负责所有工作。对团队成员的分工进行展示，可以让投资人充分看到该团队的专业性，什么人负责什么工作

教育背景

学历和相关的培训，强调与所担任职务的相关性。团队的知识结构越全面、越详细越好

工作经验

团队成员过去在哪大企业任职、担任什么职务、负责过什么项目、解决过什么问题、做过哪些计划、获得过什么重大成绩

图 3-15　企业核心团队需介绍的四个内容

当初徐小平之所以投资聚美优品，除了看上其商业模式，还看到了其核心团队的能力。如创始人陈欧不仅是斯坦福大学 2009 届 MBA 毕业生，还从事过多年相关工作，拥有很多成功经验；其首席财务官高猛也是如此；后加入的刘惠璞更是销售界的人才。

3. 关注点三：市场分析

企业处于什么样的市场，对投资者是否决定投资有重大影响。大多数的投资者更愿意投资互联网类型的新兴市场。即使如此，融资企业也需要对自身所处市场的情况做一个详细的介绍。其具体内容主要包括以下几点（见图 3-16）。

图 3-16　描述企业市场的五大内容

如某保健品企业对企业市场现状的描述：

（1）保健品生产企业多、品种多，大部分企业规模小，产品同质性强。国内从事保健品生产销售的厂商达 5 万多家，品种 2 万多种，全年保健品销售额超过 500 亿元人民币。

（2）市场处于无序竞争状态，夸大功效、虚假广告屡见不鲜。市场短期行为、自生自灭现象严重，给其他规模运作、规模化经营的企业带来很大的行销阻力。

（3）80%的市场份额掌握在20%的企业与品牌手中。这20%的企业一般都综合力强、并具有一定规模。

（4）市场推广投入力度大的产品市场份额明显趋高，强势推广仍然是中国保健品市场的惯用办法。

4. 关注点四：竞争对手

在商业计划书中，企业要对主要竞争对手进行详细描述。譬如主要的竞争对手是谁？他们是如何运营产品的？竞争对手的产品与本企业的产品相比，有什么相同点和不同点？竞争对手所采取的竞争策略是什么？除此之外，还要明确主要竞争对手的销售额、毛利润以及市场份额。

如某保健品公司在招股书中关于竞争对手的描述：

在本地区的同类竞争对手有：

贵州阿斯麦保健品有限公司，主要生产加工维京牌快列胶囊保健食品、维京牌芝己胶囊保健食品、维京牌君康胶囊保健食品。

贵州苗一堂药业有限责任公司，主要业务为保健食品生产加工（胶囊剂）。

贵阳润丰制药有限公司，主要业务为保健食品生产加工（产品有丹蓝牌当归口服液、丹蓝牌维微康口服液）。

除此之外，贵州云峰药业有限公司、贵州三力制药有限责任公司、贵州百灵公司集团制药股份有限公司，也是本公司的竞争对手。

5. 关注点五：财务预测

财务预测是招股书中最为重要的部分，也是投资者最关注的点。企业应该向投资方展示与自身相对应的财务预测表。如未来三五年的利润预测表、损益表、销售预测表、资产负债表。通过财务预测，投资者才能对自己投资后的收益有一个具体的概念。如某地产集团进行融资时所展示的未来三年的预计现金流量表如下：

某地产集团 2014 ~ 2016 年预计现金流量表

（单位：亿元）

年份	2014	2015	2016
期初余额	6	12	11
销售回款	66	100	130
新增借款	20	22	25
募集资金	10	0	0
流入小计	96	122	155
支付土地款	20	25	25
土地储备支出	10	20	30
支付工程款	38	50	65
归还贷款	17	20	22
经营开支	5	8	12
流出小计	90	122	152
期末余额	12	11	12

6. 关注点六：投资回报

投资者投资的目的就是为了回报。因此，投资回报率是他们关注得重中之重。投资回报率在商业计划书中的地位不言而喻。

在这一部分里，融资企业要向投资者表明，如果他投入了该企业所要求的资金，会得到什么样的回报。比如说某个投资者向企业投资 600 万元购买了 30% 的股权，几年后，该企业成为拥有 4800 万元税前利润的企业。那么投资者得到回报是：4800 万元乘以 30%，即 1440 万元，也就是说该投资者用 600 万元换得了 1440 万元的回报。

7. 关注点七：退出机制

投资者投资企业，最为关注的问题是自己的投资有没有保障？这个问题直接关系到此次融资是否成功，企业需充分重视。

一般来说，风险投资退出的方式有五种，分别是 IPO 上市、并购、回购、转让、清算。企业需在商业计划书中对此做一个详细的说明。

如某企业商业计划书中关于退出与回报的描述：

股票上市 ：企业 2008 年获得某市后备上市企业资格，企业在新的投资者进来后，计划 3 年左右在深圳创业板上市（2013 年下半年申报材料，力争 2014 年上半年在深交所挂牌）。投资者可在限售股解禁后卖出获得超额回报。

股权转让：投资者由于其他原因急于变现，可将自己的股份转让给第三方或企业，可以获得一定的回报。但是，企业不希望投资者在上市前发生重大的股权转让，希望投资者同企业一起成长。

股权回购：企业对未来充满信心，对上市也充满信心。除特殊情况外，企业一般不接受有回购条款的投资者，希望投资者认真考虑清楚。

3.5 掌握融资顶层设计关键点，套牢投资人的“钱袋子”

每家投资机构对于投资都有自己的评判标准。所以，企业应该如何设计自己，才能获得投资方的青睐，是一个非常关键的问题。企业在股权融资的过程中，需做到以下六个因素的顶层设计。如此，才能最大程度地保证融资成功。

1. 顶层设计一：合伙人管理

都说“不怕神一样的对手，就怕猪一样的队友”。一个企业能否成功，能否成为投资者眼中值得投资的企业，就看这个企业的团队如何了。所以，创业者获得股权融资的第一步是先要找到合格的合伙人。

那么什么样的人才能成为合伙人？可以根据以下条件进行挑选（见图 3–17）。

图 3–17　成为合伙人的三大条件

除了引进具备以上条件的合伙人之外，企业还需要引进一两个在企业做顾问或做天使投资者的，有经验、有资源的人。如此从行业、资源、眼界、资金等方面都能互相配合。而有商业经验的创始团队对后续的融资、规模化的运营管理等方面都起到极大的正面影响。

如聚美优品的创始人除了引进如戴雨森、刘辉等有能力、有活力、能彼此互补的合伙人，还引进了在投资界数一数二的著名投资者徐小平。徐小平的加入对聚美优品后续的发展、融资都起到了不少作用。

2. 顶层设计二：商业模式

投资者投资一个企业，除了看人，还要看商业模式。商业模式不好，团队能力再强也无济于事。因此，设计一个完善的商业模式是企业获得融资的前提条件之一。一般来说，一个具备投资潜质的商业模式，通常需要具备以下几个方面的因素（见图 3–18）。

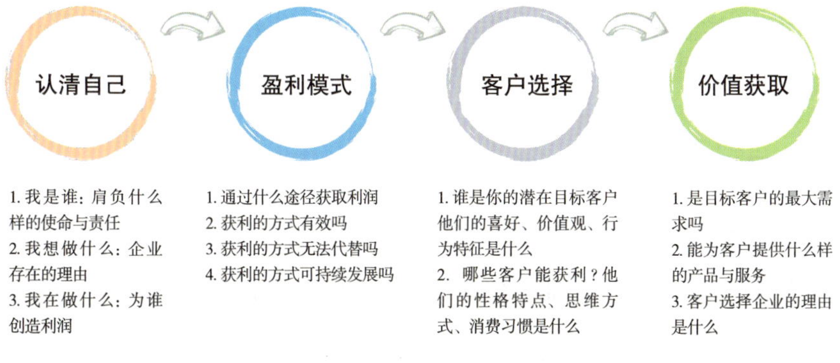

图 3–18　好的商业模式需包含的内容

利乐包装在成为全球最大的液态食品包装系统供应商之前，曾遇到了发展瓶颈，于是聘请了管理大师德鲁克担任利乐管理顾问。德鲁克问负责人一个看似废话的问题：“你的企业是做什么的？”该负责人回答说：“我们是做瓶子的。”

德鲁克在参观完利乐工厂后又问了负责人同样的问题，负责人不太高兴地做了同样的回答。德鲁克却反驳说："你们不是在卖瓶子，而是在做包装生意"。德鲁克的一句话让利乐负责人认识到，企业之所以会遇到发展瓶颈，是因为没有找到好的商业模式。

于是，利乐开始重新定义市场、重新定义公司，最后成为了全球最大的食品包装系统供应商。

通过这个案例我们可以明白，一个商业好的商业模式可以给企业带来什么样的价值。

3. 顶层设计三：股权结构

随着企业业务的扩张与规模的扩大，需要不断地稀释创始人的股权来获得投资机构和资本市场的资金。对于投资方而言，一个企业是否有好的股权结构，是决定其是否要投资的关键点。同时也是创始人是否能守住企业控制权的关键点。什么是好的股权结构？本书的第一章有重点叙述。

4. 顶层设计四：一致行动人协议

在企业持续发展、进行多轮融资直至上市的过程中，创始团队的持股比例会逐步地稀释。如何保证随着企业的发展战略持续推进，企业创始人能保持对企业的控制权，成为了创始人面临的最大难题。而解决这个难题的关键点是签署《一致行动人协议》。

投资者在投资一家企业时，关注点之一是企业的核心团队，他们相信在这个团队的管理下，将来自己的收益能获得多倍回报。如果无法让创始团队始终保有对企业的控制权，那么，投资者的投资欲望就会降低很多。

《一致行动人协议》在企业的早期融资阶段就可以设计与规划。通过协议、公司章程来约定与联合创始人、经营团队、投资方的代表权利与权益，从而保持对企业经营的控制。

如马云在阿里巴巴的股份虽然不到10%，但是，因为签署了《一致行动人协议》，马云仍全面掌握着阿里巴巴。

5. 顶层设计五：法人治理结构

法人治理结构是现代企业制度中最重要的组织架构，它决定了一个企业是否具备稳定基础，是企业成长为参天大树的关键。因此，投资者在评价一个企业是否值得投资时，法人治理结构是否完善也是其评价标准之一。

按照《公司法》规定，法人治理结构由“三会一层”组成（见图3-19）。

图3-19 法人治理结构的“三会一层”

6. 顶层设计六：关键资源控制

在企业的资源要素中，有一些关键资源是获得市场竞争胜利的关键点。比如技术、知识产权、人力资本、客户、供应链体系等。如果企业能够有效控制这些关键资源，投资者对企业的投资意愿就会大大增强。滴滴出行之所以能不断获得融资，就是因为它控制市场、用户、技术等关键资源。

3.6 掌握融资风险模式，填好股权融资的“坑”

企业在找到意向投资方后，双方将进入到具体的投资细节谈判中。在这个过程中，企业往往忽略了一些隐藏性的风险，最后虽然解决了资金难题，却让自己陷入了更大的困难中。通常来说，企业在股权融资过程中，可能遇到以下几个风险。

1. 业绩对赌风险

业绩对赌是股权融资中的常用条款，要求融资方在规定时间内实现承诺的业绩，否则投资方有权要求回购股份或者要求做出相关补偿。

如太子奶就因为在 2007 年进行了 7300 万美元的股权融资，从而为自己埋下了祸根。在融资时，双方签下了一份对赌协议：收到融资款后，太子奶的业绩增长如超过 50%，就可以降低投资方股权，如其业绩达不到 30%，太子奶创始人李途纯将失去对太子奶的控制权。结果，因为 2008 年的金融危机以及三聚氰胺事件，太子奶无法完成业绩增长要求，从而触发了对赌协议，最终李纯途失去了对太子奶的控制权。

企业在进行股权融资时，应该如何避免对赌风险的产生呢？可按照以下四点进行（见图 3-20）。

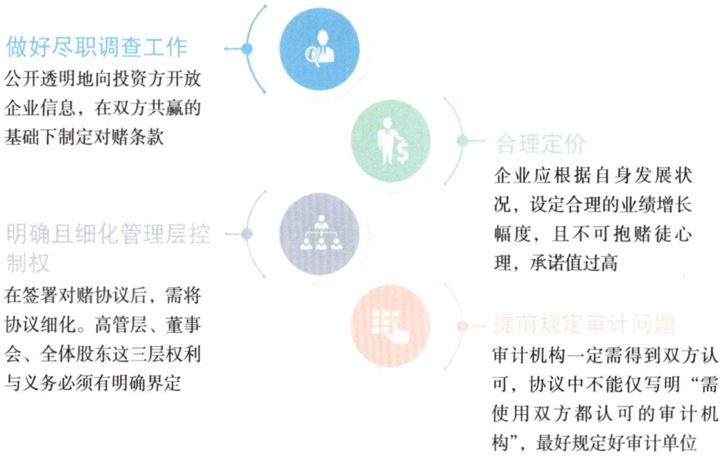

图 3-20　避免业绩对赌风险的四个方法

2. 上市对赌风险

上市对赌，即投资方要求融资企业在规定时间内完成上市目标，否则投资方有权要求补偿或回购股份。

如某餐饮企业为了支持门店扩张计划，用 10% 的股权引进了 2 亿元的融资额，并与投资方签署了对赌协议。协议中有一条涉及到上市时间：如果因非投资方原因造成企业无法在融资款达到后的 4 年内完成上市，那么投资方就有权以回购方式退出企业。

之后，因为各种原因，该企业未能在规定时间内完成上市，触发了对赌条款，投资方要求创始人按照对赌协议高价回购股份。

最终，创始人因无法支付高额回购价，又将股权几经转手，导致自己失去了对该企业的控制权。

因为上市风险过大，所以现在企业一般不采取“约定上市时间”的对赌方式，多是采取业绩对赌。企业一旦进入上市程序，相关部门就会要求影响企业股权稳定和经营业绩等有关协议必须解除，对赌协议就包含在内。因“约定上市时间”这种对赌方式对投资者而言并不保险。所以，现在很少有投资方要求上市对赌。

3. 管理层对赌风险

管理层对赌风险，是指在投资协议中约定，当某一目标未达成时，投资方可以获得融资企业董事会的多数席位，增加对融资企业的控制权。

如某融资企业与投资方约定：在收到 3000 万美元注资后的前 3 年，如果业绩增长达不到 50%，投资方就有权力更换、增加新的董事进入董事会，融资企业需承诺对投资方的董事人选提名投赞成票。如果是在双方董事会成员均衡的情况下，投资方增加了新的董事会成员，那么其将对企业的决策产生巨大影响，融资企业创始团队的权利将被缩小并受到限制。

4. 反稀释风险

反稀释条款也称反股权摊薄协议，是指企业在各种融资过程中，投资者为了避免自己的股权贬值或股权比例下降而要求获得与新投资者同样的购股价格。企业一旦签订反稀释条款，创始人的股份稀释比例就会提高，从而影响自己对企业的控制权。

如 2004 年 8 月 18 日，交通银行因发展需求，向汇丰银行出售 19.9% 的股权，双方签订了反稀释条款。2005 年，在交通银行公开发行 H 股与实施 H 股超额配售权时，汇丰银行使用了该条款。因此依然保有 19.9% 的股权，避免了自己的股权比例下降。而交通银行只能通过稀释自己的股份来发行 H 股与实施 H 股超额配售权。

除了上述四种风险，企业在进行股权融资时，还可能产生关联交易风险、非业绩对赌风险、股权转让限制风险、债权与债务风险、竞业限制风险、引进新投资者限制风险等。

第4章

股权众筹：

连接大众力量，解决企业难题

股权众筹究竟有什么魅力，能够风靡全世界，受到大家的欢迎？原因在于，股权众筹不仅是看好企业前景而进行的一次筹钱并分配相应股权的简单活动，更是一次筹资源、筹渠道、筹智力、筹圈子，让企业获得发展源泉，让投资人享受股东归属感的双赢之举。

4.1 股权众筹是“互联网 +”新融资模式

在“大众创业，万众创新”以及“互联网 +”的风口上，互联网股权众筹已成为新的热点。从 2013 年第一例股权众筹案例在国内诞生到李克强总理首次提出“开展股权众筹融资新试点”，股权众筹发展愈加迅猛，投融资市场对股权众筹极为追捧。

1. 股权众筹的定义

股权众筹是资本市场中一种新的互联网融资方式，起源于美国，后迅速发展至全球。国际证监会组织对股权众筹做如此定义：通过互联网技术，从个人投资者或投资机构获取资金的金融活动。

中国人民银行等十部门，在 2015 年 7 月 18 日发布的《关于促进互联网金融健康发展的指导意见》中也对股权众筹做了定义：通过互联网形式进行公开小额股权融资的活动。股权众筹融资必须通过股权众筹融资中介机构平台（互联网网站或其他类似的电子媒介）进行。

2. 股权众筹的意义

股权众筹被业界一致看好，是因为其具备了以下三点意义（见图 4-1）。

图 4-1　股权众筹三大意义

（1）丰富资本市场层次

以往，企业融资只能通过银行贷款、小贷公司以及民间借贷等形式，选择范围极为狭窄。银行融资门槛高，大多数的中小微企业与创业企业无法从银行融到资，而小贷公司及民间融资的利息成本过高，中小微企业根本无法负担。股权众筹的出现，解决了小微企业与创业企业的融资难题，为他们提供了一条新的融资渠道。

股权众筹通过互联网汇聚众多的创业项目、风险投资机构与海量投资者，投融资信息传播半径得到极大改善，其面向的主体基本上是小微企业与创业公司。

（2）集合民间资本力量

以往，民间资本大多是分散的，要在短时间内聚集大笔资金相对比较困难，也缺乏一定的保障制度。所以，民间资本力量根本没有被充分发挥出来。而股权众筹却通过互联网集合了分散的民间资本，并给予其一定的保障制度。

股权众筹集合了民间资本力量，为融资企业提供融资服务，为有投资需要的投资人提供可投资的项目（企业可根据股权分配给投资者一定的利益）。通过股权众筹，民间资本成为了“原始股”的持有者，而不是股权的“中转站”。

（3）拓宽投资渠道

股权众筹不止为小微企业与初创企业提供了一条新的融资渠道，也为投资者拓开了一条新的投资渠道。以往的投资渠道呈现两极化现象，要么是为“小白”（银行理财产品）用户服务，要么是为专业投资者服务，缺少了一条适合中产阶级参与的投资渠道，而股权众筹正好可以满足这部分投资者的需求（见图 4–2）。

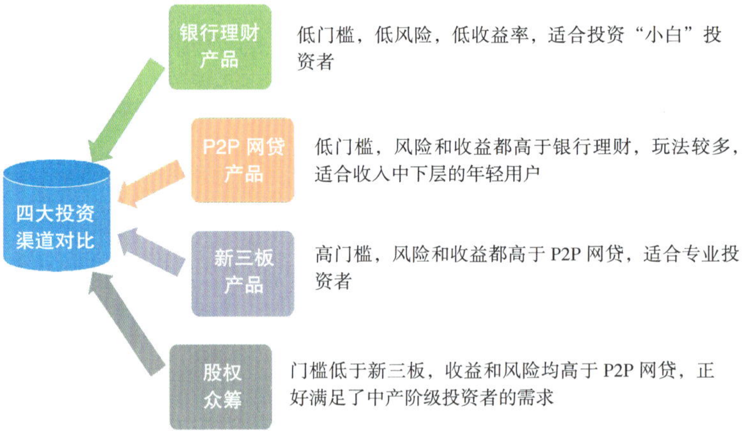

图 4–2　四大投资渠道对比

3. 股权众筹的盈利模式

股权众筹的盈利模式一直以来都是行业急需解决的痛点，基于股权投资的特殊性与股权众筹业务规模的限制，现在大部分的股权众筹平台都很难实现盈利。目前市场上主流收费模式有以下四种（见图 4–3）。

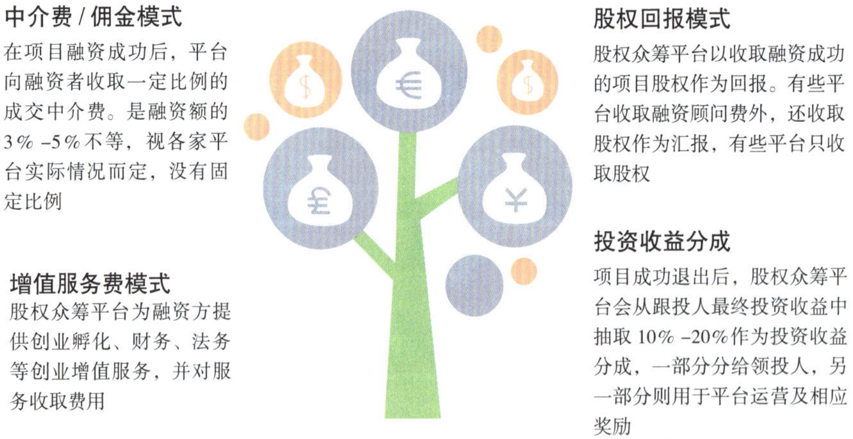

图 4–3　股权众筹四大基本盈利模式

4.2 明确众筹模式，获得最感兴趣项目

中国的股权众筹尚处于发展阶段，股权众筹的模式也正在摸索当中，并不是每一个模式都适合用户。所以，企业在进行股权众筹时，需根据实际情况挑选模式。根据相关法规政策，中国当前的股权众筹模式可分为以下三种（见图 4-4）。

图 4-4　股权众筹三大类型

1. 凭证式

企业在进行股权众筹时，并不是直接出让股权，而是让投资者在互联网平台上出资购买与企业股权相关的凭证，投资者不会直接成为股东。简单来说，就是企业或项目通过发售与股权绑定的特定凭证进行资

金筹资。该模式主要面向网络用户，适合提供大众式产品和服务的企业。例如传媒类型的企业。

代表案例：美微创投。2012 年 10 月 5 日，美微传媒创始人朱江开了一家名为“美微会员卡在线直营店”的淘宝店，只要投资者购买店内销售的会员卡，就可享受电子杂志订阅权以及成为美微传媒相应的原始互粉。其最终筹资额达到 120 万元，开创了股权众筹运营的新模式。但该模式被认定不合法，于 2013 年 2 月 5 日被阿里官方关闭。

2 会籍式

该模式是通过熟人关系，为某一个具体的项目进行出资，每个出资人都可成为该众筹项目的股东，是主要以成为目标企业会员为目的的股权众筹模式。这种众筹模式的投资者一般具有相同的价值观，并借助创业项目搭建一个圈子平台。

代表案例：3W 咖啡。2012 年，许单单、马德龙、鲍春华三人通过微博平台，为 3W 咖啡进行了股东招募。每人 10 股，每股 6000 元。吸引了包括乐蜂网创始人、知名主持人李静，红杉资本中国基金创始人及执行合伙人沈南鹏 ，新东方联合创始人、真格基金创始人徐小平，德讯投资创始人、腾讯创始人之一曾李青，高德软件副总裁郄建军等知名投资者的加入。该模式强调的是互联网创业和投资圈的顶级圈子，主要是为了拓展人脉。但该模式的管理短板使其发展受到了一定的限制。该模式适合有圈子文化的企业，如酒吧、美容院等。

3. 天使式

出资人通过出资平台，主动寻找自己感兴趣的项目，对其进行

3. 重细节：注意众筹流程的小问题

正所谓“细节决定成败”，有不少股权众筹项目都是败在流程细节上。所以，在进行股权众筹时，一定要注意以下几个流程中极容易忽略的小问题（见图 4-7）。

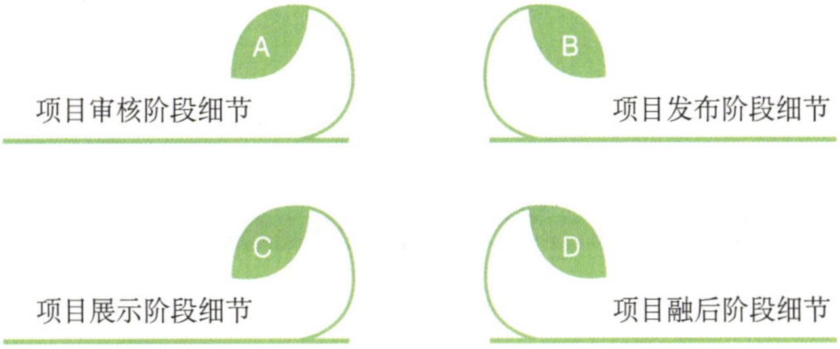

图 4-7　股权众筹流程需注意的四大细节

（1）项目审核阶段细节

这个阶段的重点是核实项目的具体信息以及发起人的实力。投资者可能会担心因项目没有经过专业评估机构的认证，或是众筹平台与项目方利益挂钩，从而使审核存在隐患。出现这种情况，众筹方可以在项目展示环节出示相关资质证明，如此就能消除投资者担心审核存在隐患的心理。

（2）项目发布阶段细节

项目基本信息完不完善，直接决定了股权众筹项目最后的结果。完善的信息可以提高投资者的投资意愿。在完善项目基本信息上，企业需要注意以下几个细节：一是写清楚项目名称、企业名称、项目展示材料；二是写明创新点；三是写明项目解决了用户的什么痛点，以及如何利用自己的创新点解决用户痛点。

在这一点上，紫荆浅草在为大悦城店做股权众筹时，做得非常出色。在详解介绍页上，紫荆浅草把项目名称、企业名称做了详细的介绍，同时用图文形式写明了紫荆浅草的创新点是颠覆了传统日本料理，用整合的方式将川味、小火锅、铁板、日料做了巧妙结合。写明用开放式厨房，可以让消费者直接看到食材的制作过程，解决用户担心食品卫生的痛点（见图 4–8）。

图 4–8　紫荆浅草大悦城众筹项目基本信息介绍

（3）项目展示阶段细节

企业进行股权众筹的目的是吸引投资者，因此需要发起人把其项目的创新点呈现在平台上。但是，有不少投资者担心项目的专利性问题，如果项目发起方没有展示这一点，投资者的投资意愿就会大打折扣。所以，一定要把相关专利展示出来，消除投资者的不安心理。

（4）融后管理阶段细节

现在因股权众筹资金的用途不明，导致投资者利益受损的事件越来越多。投资者如果无法明确看到所投资金的用途，就会降低投资意愿。

所以，众筹方必须充分展示项目的资金用途。

在这一点上，韩城“新六艺”主题文化酒店做得非常好，他们把项目各个细节所需要用到的资金一一做了展示，大到场地租赁费用，小到假山造景费都做了明确展示（见图 4-9）。

项目详情　公司介绍　运营情况　项目附件　路演QA　项目评论(5)　项目动态

项目成本

项目基建成本预测				
基建项目			金额	基建项目说明
项目总投资			3000 万	
互联网融资			600 万	
场地租赁费			339 万/每 3 年	酒店 10 年租金
修缮装修费用			830 万	古宅修缮及酒店装修费用
软装费用			980 万	由于项目是古宅软装，每平米约 3500 元
设计费			148.5 万	设计费 550 元/平米
公共场所改造工程	布景费	观赏植物	37 万	庭院大树移植、后庭院 3 亩紫竹林及其他绿植，及公共卫生间若干
		文物、工艺品、艺术品收藏摆件	200 万	
	造景费	假山	35 万	假山、水池、景观工艺雕塑等
		廊庭	37 万	凉亭、景观亭、回廊若干

图 4-9　韩城“新六艺”主题文化酒店资金用途展示

4.4 明确影响众筹方案设计因素，获得最适合平台

我们经常可以看到众筹网站上出现各种各样优秀的项目，也经常听到哪个项目突破了股权众筹的纪录。然而，事实究竟如何呢？有不少项

目的创始人表示“我们在这个项目没有赚到钱，反而还亏本”。究其根本原因，还是因为他们对股权众筹的开发与制作成本没有做出正确的预估，即没有一个完善的股权众筹方案。如果要设计一个不亏本、能筹到钱的方案，众筹方就要想清楚四个问题（见图 4-10）。

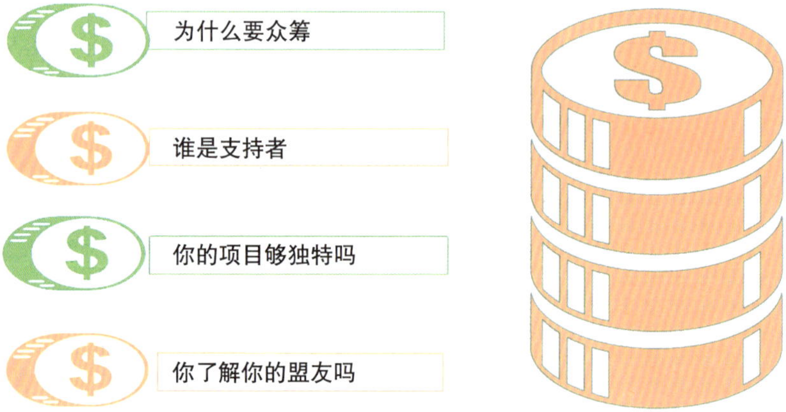

图 4-10　设计股权众筹方案前需想清楚四个问题

1. 问题一：为什么要众筹

有不少初创企业并不缺钱，为什么还要进行股权众筹呢？其实，他们众筹的目的不是资金，或者说“不只是资金”，而是获得用户、市场和品牌宣传，更为重要的是获得参与股权众筹的人的资源。因此，只有先确定众筹的目的，才能确定方案的核心。

比如在天使街进行股权众筹的韩城“新六艺”主题文化酒店（见图 4-11），它进行众筹的目的只是为了资金吗？显然不是。它拿出 20% 的股权换得了 200 个人的支持。这意味着这 200 个人都是酒店的股东。既然是股东就会希望自己的酒店赚钱，所以，他们肯定会运用自己手中的资源帮助酒店。或为酒店提供法律、财务方面的帮助；或为酒店提供一些媒体资源。酒店的业绩越好，自己得到的回报就越高。

图 4–11　韩城“新六艺”主题文化酒店股权众筹项目

由此可见，股权众筹给企业带来的不仅是钱，还有人，以及人背后的资源、知识与专业能力。

2. 问题二：谁是支持者

在设计众筹方案之前，要先确定谁会成为你的支持者以及你的项目针对哪一类人群？确定好了，才能设计出符合他们喜好、能吸引他们的方案。一般股权众筹的支持者，有专业投资者和普通投资者两类（见图 4–12）。

图 4-12　股权众筹的两大支持这类型

例如蜗居生活 APP，为了吸引投资者的注意，在设计股权众筹方案时，他们着重突出了市场潜力，以吸引投资者的注意（见图 4-13）。

核心优势

核心价值及项目亮点

1. 成为三方群体一条全新的纽带，更真实、全面、独立

2. 通过这个平台能更快，更多元化地服务到区域内群体，满足各方的需求

3. 改变一条全新的营销事业平台

存在意义：改良现今的地产业，通过资源整合加快开发商资金回笼，加速社区入住率，提高用户的忠诚度。为用户解决买房、装修、后勤保障一条龙服务模式。

远景：通过全国性铺开，以用户基数为核心，建立每座城市蜗居生活智能化社区，实现真正意义上的物联网时代生活方式。打造新型地产业态

解决方案：打造 O2O 地产资讯营销金融服务智能化平台

图 4-13 韩城“新六艺”主题文化酒店众筹方案展示市场潜力

3. 问题三：你的项目够独特吗

众筹在中国还属于新兴事物，虽然参与的众筹项目很多，但成功的比例并不是很高，股权众筹成功的几率则更低。那些成功的案例，其项

目无一例外是独一无二的。所以，在设计众筹方案之前，企业要先确定自己的项目是否独特，以及有哪些价值与亮点。

如上文所述的蜗居生活 APP，它出让了 10% 的股权，获得了 40 万元的融资额。它能成功的原因就是因为自身够独特，能够改变现今地产业的运营模式，通过资源征缴额加快开发商资金回笼，加速社区入住率，为用户解决买房、装修、后勤保障一条龙服务模式。

4. 问题四：你了解你的盟友吗

股权众筹是否能成功，关键在于选择一个适合自己的平台。这就要求企业对各大股权众筹平台有充分的了解。当前众筹平台普遍面临盈利难的问题，如今市场上最有代表性的众筹平台都在寻找新的盈利方式（见图 4–14）。

图 4–14　三大众筹网站的盈利模式

因为盈利模式不同，各大平台所提供的服务、实行的众筹模式、吸引的投资者也有所不同，企业要懂得选取适合自己的平台进行股权众筹。

4.5 明确众筹商业计划书特征，获得高投资

股权众筹项目与传统融资项目一样，都需要给投资者提供一份商业计划书。不同的是，股权众筹项目是面向大众募集，要求披露的信息更加完整、规范。除此之外，还需要针对众筹这一特征，附加一些特定的说明。如此，投资者才能感觉你的项目靠谱，才会愿意投资。

1. 明确融资额范围

在发起项目之前，企业需要明确股权众筹项目的融资额范围，要做到以下两点。

（1）确定融资未满或超出的可接受比例

股权众筹项目面向大众融资，即使融资失败，也不会完全融不到资；如果融资成功，很可能会远远超过预期的融资额。所以，企业在设计融资额时，要先确定低于多少比例是可以接受的，低于多少比例将被视为融资失败。比如一个出让 10% 股份，认筹 100 万元的股权众筹项目，要先确定：如果项目最终只融到 60 万元，平台方是否统一融资 60 万元，出让 6% 股份？

同样，融资比例的上限是多少？高于多少比例的认筹将不再被接受？如果接受超出预定的融资额，也就代表企业要拿出更多的股份。所以，企业在进行众筹之前，先要明确出让多少股份，才不会影响到自己的控制权。这些都需要事先明确下来。

（2）确定融资额是否太高或过低

融资额是否合适，是一个需要重点关注的问题。如果设计得过高，很可能导致项目失败；如果过低又可能导致资金不到位。所以，企业在设计融资额之前，要先做好分析预测工作，确定多少额度是最合适的。

如在天使街发起股权众筹项目的“大常城市生活馆”，其融资额度500万元，出让股份25%。从（见图4–15）中可以看到其众筹金额恰好是原先认筹的500万元，刚好达到。这一点足以证明，该众筹方对于未满和超出的界定范围非常严格，筹满设定好的筹资额度就马上停止了认购。

图4–15 天使街“大常城市生活馆”融资额

2. 明确投资者要求

现在股权众筹市场一般是“领投 + 跟投”的模式，所以，企业在设计股权众筹项目时，需要明确领投人与跟投人的要求。

（1）领投人的要求

目前，众筹入股项目企业的方式一般为全部投资者共同成立一个合伙企业，由合伙企业持有项目方的股权。执行合伙人将代表有限合伙企业进入项目企业的董事会，履行投资方的投后管理责任。执行合伙人就是众筹领投人。因领投人需要在董事会占据一席之地，拥有投票权，因此众筹项目方必须对其做出严格的规定。其内容主要包括以下几个方面（见图 4–16）。

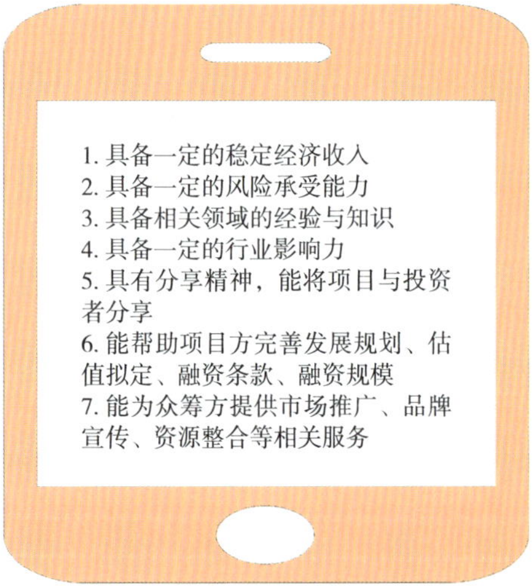

图 4–16　对领投人的七大要求

（2）跟投人的要求

《合伙企业法》规定，有限合伙企业是由 2 个以上 50 人以下合伙人设立，因此跟投人不能超过 49 人。在实际操作中，众筹方也可以根据实际情况设定跟投人数范围与认筹额范围。为了达到一定的目的，众筹方也必须对跟投人做出一定的要求。主要包括以下几个方面（见图 4–17）。

图 4–17　对跟投人的四大要求

如天使街对股权众筹项目的领投人与跟投人就有以下要求，在发起众筹项目时，可参照天使街的要求进行（见图 4–18）。

领投人资质标准

1. 年薪 50 万以上。
2. 能够承受占资产总额 5% ~ 50% 的投资。
3. 对天使街平台微信端推介的优秀项目保持关注状态。
4. 处于活跃状态的天使街投资人（最近 1 个月约谈过 5 个项目以上）。
5. 在所投领域有丰富的经验和判断力，以及一定行业资源影响。
6. 能够专业地协助项目负责人完善商业梗式、确定估值、投资条款和融额及转让股份，协助项目路演，完成本轮融资。
7. 能够为项目提供：政府公共关系、市场推广、品牌报道、行业上下游资源、专业的交易结构设计等增值服务。
8. 较强的风险承受能力，并且有充足投资经验。
9. 较强的交流沟通能力，能及时进行信息披露将所要求项目进展情况告知给跟投人。
10. 有很强的分享精神．乐意把自己领投的项目分享给其他投资人。
11. 具有一定的投资影响力．必要时能够为项目争取更多跟投机会。

领投人的权利和义务

领投人流程须知

跟投人资质标准

1. 年薪 20 万元。
2. 对投资风险有一定的认知和接受能力．能够承受占资产总额不超过 20% 的投资。
3. 厚意支付创业项目的成长和发展
4. 对天使投资行业有一定的了解和关注。

图 4–18　天使街股权众筹平台对领投人与跟投人的要求

3. 明确项目的盈利能力

不管是企业融资还是投资者投资，二者的共同目的都是为了盈利，而盈利的前提是投资项目实现了股权增值，要达到股权增值，只有众筹项目实现了盈利预期。所以，明确项目的盈利预期，让投资者清楚地看到投资后带来的可观回报，他们的投资意愿才会提高。

如在天使街发起股权众筹项目的紫荆浅草日本料理店，为了让投资者看到项目的盈利能力，提高投资意愿，其在项目详情页加入了其他店铺营业的参考情况。让投资者从其他店铺的月营业额与年收益来确定该项目的可投资性（见图 4-19）。

参考店铺营业情况			
店铺名称	紫荆浅草-怀石料理	紫荆浅草-逸庐料理	紫荆浅草-大黑来福士店
企业类型	个体	个体	公司
股权结构	直营	直营	直营
店铺地址	成都高新区紫竹北街85号大世界商业广场2-8.9号	成都市高新区紫荆南路64号	成都武侯区人民南路四段三号来福士广场3006号
开业时间	2010.9.6	2015.1.21	2015.7.31
总投入（万）	175	210	398
营业面积（m^2）	180	380	670
客单价（元）	160	165	178
客座率	76	110	130
客流量（人/天）	106	118	162
月营业额（元）	379 592	481 255 00	481039
月利润（元）	82 588	89 251 00	81402.3
年利润（元）	991 058	1 071 011 00	978 827.78

图 4-19 紫荆浅草出示其他店铺的营业情况

4. 产品决定一切

股权众筹项目一般都是创业型项目，创业型项目通常都是通过创新实现的，而创新则是借助新产品呈现。新产品规划是否完善，工艺程序能否落实，风险方法措施是否有效，决定了新产品是否能在规定时间内推出市场。同时，产品设计规划过程中与目标用户交流的层次和高度，以及为用户解决问题的深度，都决定了新产品的受欢迎程度。所以，企业如果想让自己的项目受到投资者的认可，被投资者追捧，就要把产品做好。

5. 诚信管理，降低风险

一般情况下，投资者在确定了投资项目后，就会对项目进行多轮访谈。众筹方可以对投资者进行筛选，此时会产生投资者优先权问题。在签订了合伙企业协议之后，投资者会把投资款打到相应的账户中。从投资者有意愿投资到最终打款会经历一个比较长的周期，此时就有可能产生投资者变动问题。

诚信管理可以有效解决这类型的问题，加大整个众筹过程的效率以及规范性。不同的股权众筹平台有不同的诚信管理机制。比如诚信评分机制、保证金制度。

如云筹平台使用的是保证金制度，企业在众筹项目时，可以设定缴纳保证金的投资者的优先权机制以及保证金的退还机制。

4.6 明确影响众筹退出机制的因素，加快众筹发展速度

从2014年开始，股权众筹就在中国迅速兴起。但是，在行业看好、

政策支持的情况下，股权众筹的发展速度仍显缓慢。许多投资者对股权众筹项目的狂热也在慢慢冷却。究其缘由，是因为退出机制不够完善。

1. 股权众筹退出的方式

股权众筹于 2014 年在中国兴起，其发展时间不过三年，大多项目还处于进行阶段，退出的项目比较少。从这些退出案例来看，股权众筹退出机制的方式可以归纳为以下几种（见图 4–20）。

图 4–20　股权众筹退出八大方式

（1）获得下一轮融资退出

股权众筹项目获得下一轮的融资后，前一次参与融资的股东就可以全部退出。这是中国目前大多数股权众筹的退出方式。

该退出方式最为典型的代表是天使客平台上的积木旅行。2015 年 10 月积木旅行获得美国风投机构的投资后，41 位股权投资者全部退出，并获得 5 倍回报。天使客宣称这是中国首个股权众筹投资股东全部退出的成功案例。

（2）并购退出

在并购过程中，新的投资方将上一轮投资方的股份全部或者部分收购，随之全部或者部分上轮投资者即可退出项目。获得下一轮融资的退出方式也是并购退出方式的一种。

并购退出最有代表性的是股权众筹平台大家投的奇异果艺术创业产品商城项目。2016 年 7 月，该项目被某机构并购，19 位投资者以 52 倍回报全部悉数退出。这也是股权众筹行业有公开退出案例以来，回报最高的一例。

（3）股权众筹生态圈退出

股权众筹平台的社群化、系统化、生态化趋势越来越明显，依靠内部社群关系，建立以平台为载体的股权交易机制，以此来实现众筹股权流转。通过众筹平台，投资者与潜在的购买者私下对接股权买卖问题。有些股权众筹平台专门开辟了一个论坛，帮助投资者转让股权。如京东成立的众创学院就属于这一类型。

（4）本金退出

2016 年 4 月 11 日，海尔小帅影院与下一轮投资者签订融资协议，由此海尔小帅影院首轮众筹投资者获得返本，并拥有两种自主选择权：一是可继续持有全部股权，二是本金退出但增值收益可作为股权继续持有。前一轮众筹融资的 69 位跟投人中，有 37 位选择了第二种。这开创了股权众筹新的退出模式：本金退出。

（5）大股东回购退出

是指持有股权较多的项目股东回购其他小股东的股份，其发生条件是建立在之前签订的投资协议，如项目在规定时间未达到预定目标，大股东必须按约定条件回购其他投资者的持有股份。这种退出方式，虽然风险较低，但投资者的收益也较低。

如 2015 年 8 月中旬，聚募网得知 PP 基金的大股东收购整个项目，于是按照协议中规定，聚募网按照投资额加权平均的方式投票表决，有 95% 以上的投资者愿意退出，按照协议中规定的一致行动原则，所有众筹股东以获得 2 倍回报的条件共同退出。

（6）股转债退出

是指众筹股东手中持有的股份转化为持有债权。股权众筹项目进行到一定阶段，投资者即可将股份按照协议约定转化为债权，而投资者的身份也转为债权人。但是，股转债在上市公司中发生的情况较多，在股权众筹领域还未有案例。虽未有案例出现，但也不失为一种可行的股权众筹退出方式。

（7）IPO 上市退出

股权众筹项目可在主板、创业板、新三板、区域性股权交易中心实现退出。由于证券市场的杠杆作用，众筹项目一旦上市，投资者所持有的股票就能够获得爆炸性地增值，一旦抛出就可获得高额回报。

IPO 的要求非常高，股权众筹项目很难达到其要求，目前中国还未出现股权众筹项目 IPO 成功的案例。但是，相比于主板、创业板、新三板，其通过区域性股权交易中心实现退出的难度较小。目前，京北众筹已经分别与上海股权托管中心、背景股权交易中心进行了战略合作签约。

（8）破产清算退出

这种股权退出方式是所有投资者最不想看到的，这意味着项目的运营已经处于严重亏损状态，无法继续运营下去，只能宣告破产。而投资方在此过程中，不但无法拿到利润，还可能血本无归。这种情况在股权众筹领域已经有不少案例。

2. 影响股权众筹退出机制的因素

尽管股权众筹可以采取上述8种方式作为退出方式，但对于投资初创企业的投资者来说，可选择的退出方式并不多。其主要受以下两个因素影响（见图4-21）。

创业企业的破产清算率高

初创企业往往不太成熟，因此面临着很大的风险，有不少创业企业未能坚持到下一轮融资便被淘汰。同时，有些创业企业本身就是轻资产或是负资产公司，因此稍微管理不当就会出现问题，导致投资者破产

退出机制有待验证

大部分的股权众筹项目都处于投中阶段，投资后的机制并不明确。大多的众筹平台对中小投资者缺乏保护，很容易出现损害中小投资者的行为，即使有些平台和项目设置了保护中小投资者利益的条款，但实际的可操作性也有待研究

图4-21 影响股权众筹退出的两个因素

3. 设计退出机制需注意的问题

企业在设计股权众筹项目的退出机制时，需要注意以下两点。

（1）根据企业的实际情况选择退出方式

不少人在企业初创时充满了幻想，所以就把退出机制设置为IPO上市。然而即使在企业发展顺利的情况下，挂牌上市也是一个非常漫长

的过程。企业应在评判自身情况的基础上，对多种形式、多层次的股权众筹退出方式进行约定，如此才能更好地保护自身与投资者的利益。

（2）退出机制的约定需明确

有不少企业考虑到了多种退出方式，既包括了 IPO 上市，也包括了下一轮融资，或者是回购等。然而此时有一个很重要的问题被忽略了，即缺乏一个整体的、明确的机制。比如在融资情形与回购情形都实现的情况下该选择哪一种退出机制，回购程序中的补偿条款又该如何进行？所以，在选择退出方式时，一定要注意明确约定退出机制的各个条件。

这两点，在天使街股权众筹成功的暴风私影做得非常好。项目方在融资方案中根据自己的实际情况选择了一个最为合适的退出方式：股东回购，同时对其回购的条款进行了明确地约定（见图 4–22）。

众筹方案

总融资：600 万
出资比例：项目方出资（总公司）300 万元，投资人出资 300 万
占股比例：项目方（总公司）51%，投资方占股 49%
每份价格：60000 元
总份数：50 份
投资方式：一份起投
本期融资标的：北京暴风影音体验店三里屯 SOHO 店
分润方式：浮动分红，自暴风影音（三里屯）体验店正式营业之日起，每满一年将每年可分配收益按照融资比例分红
股东福利：所有股东按照投资比例的不同分别获得不同级别的 VIP 会员等级，享受免费观影、折扣观影、至尊服务、优质茶点等不同规格的特权
退出方案：封闭期 3 年，5 年后开放回购，以出资比例 100% 回购。3 年后投资人可在得到总公司书面认可的情况下进行股份转移、股份出售等，股份二次转移承接方不可直接享受众筹标准的尊贵级 VIP 特权，特权等级随认购次数和认购等级递减

图 4–22　暴风私影的股权众筹退出机制设计

4.7 明确众筹平台要素和标准，确保融资安全

随着股权众筹在国内兴起，各类股权众筹平台也如雨后春笋般生长。据不完全统计，国内已经有超过 200 家众筹平台，其中不乏天使街、京东众筹、淘宝众筹这样出色的众筹平台，也有“一颗老鼠屎毁了一锅汤”的违规平台，如 e 租包、大大集团等。那么，在这么多平台中，企业如何才能挑选到一个合适自己又有安全保障的平台呢？

1. 七个因素，缺一不可

企业在选择中众筹平台时，不管评判的标准是什么，以下七个因素绝对不能缺少（见图 4–23）。

图 4–23　选择股权众筹的七大因素

因素一：方便联通。潜在投资者寻找项目和获得项目信息是否便捷，双方有无直接联系方式，如电话、QQ、微信等。

因素二：知名度。平台的口碑如何？项目的成功率和流量如何？

因素三：激励机制。平台的激励机制是如何制定及执行的？是否能为项目提供增值服务？

因素四：盈利模式。平台收取多少费用？以什么形式收取费用？

因素五：服务内容。平台如何帮助项目解决技术难题？

因素六：易使用性。平台界面是否简洁，操作是否简便？

因素七：交易流程。平台使用的是什么交易工具？如第三方支付、各大银行。

2. 四个选择，选出好平台

在选择股权众筹平台时，企业可以根据以下四个标准做选择。

（1）选择更懂创业者项目的平台

虽然目前国内众筹平台达到了 200 多家，但是真正有创业者基础和能理解创业者的平台却少之又少。因而，企业在选择众筹平台时，可以优先考虑与自身定位相同的众筹平台，这样的平台更理解创业者的项目。

比如音乐类型的众筹项目可以选择乐童音乐；农产品众筹项目则可以选择追梦网；金融类型的众筹项目则可以选择京东众筹。

（2）选择融资成功率更高的平台

在选择众筹平台时，首先，需要对平台进行综合考量，可以参考平台上以往的成功案例，看其总体的成功率是多少；其次，需要对成功案例进行考察和评估，确认其真实性。

如果要选择天使街作为股权众筹平台，就要考察其成功的案例有多少。从天使街的自我介绍中可以看到、从 2014 年到 2017 年间，其已经服务 400 多家企业，上线融资 20 亿元。除此之外，企业也要考虑这些案例的真实性。对此，天使街也展示出了经典案例，供企业考察（见图 4–24）。

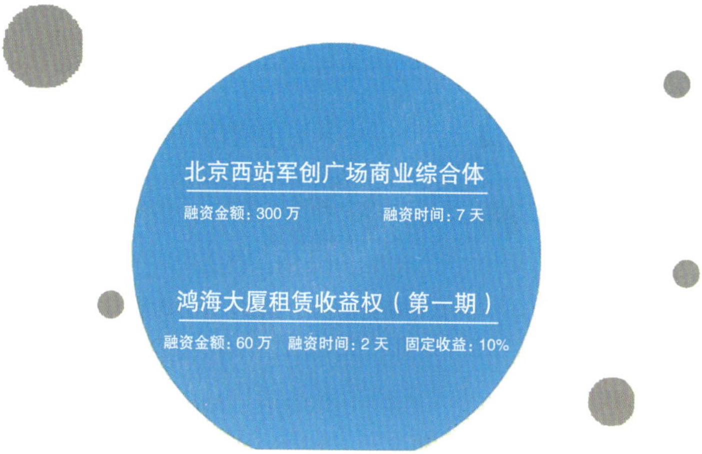

图 4-24 天使街经典案例展现

（3）选择速度更快的平台

对于企业来说时间就是生命和金钱，有时候，更快地融到钱比融到更多的钱更为重要。市场瞬息万变，除了比拼资金和实力，也要拼速度。一味追求高融资而不得，除了浪费宝贵时间外，也会让企业失去进一步发展壮大的时间。所以，企业在选择股权众筹平台时，也要充分考虑项目的融资周期，选择那些能帮助企业尽快融到资的平台。

（4）选择有更多附加值的平台

在选择平台时，还要考虑这个平台能给自己带来多少附加值，比如媒体曝光、后续的投后服务，以及与其他投资者交流的机会等。附加值越高，对众筹项目未来的发展帮助越大。

如汇梦公社，可以用一个词形容它，即“后发先至”。其虽然进入众筹行业晚，但发展速度却比一般平台快许多。而能让汇梦公社“后发先至”的是它能够为众筹项目提供更多的附加值（见图 4-25）。

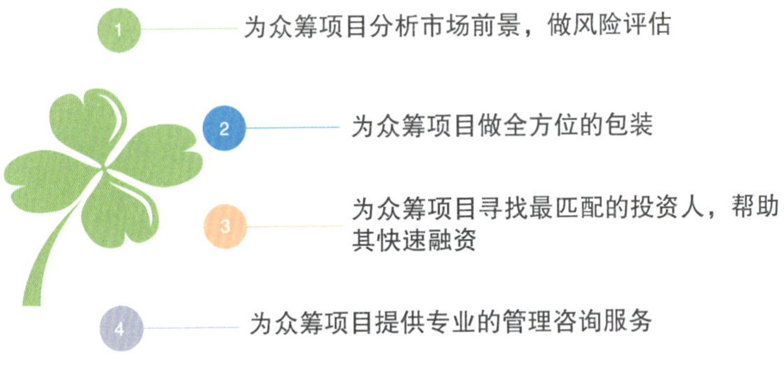

图 4-25　汇梦公社提供的附加值服务

3. 大平台 VS 小平台

面对如此之多的众筹平台，企业该如何选择？是借势平台名气而选择京东众筹、淘宝众筹、点名时间等这类大平台，还是选择一些更具针对性、垂直领域更加清晰的小平台呢？企业可以根据自身情况对大平台和小平台进行一系列的对比（见图 4-26）。如果想持续引流，降低风险，可选择大平台；如想更有针对性，降低竞争程度，可选择小平台。

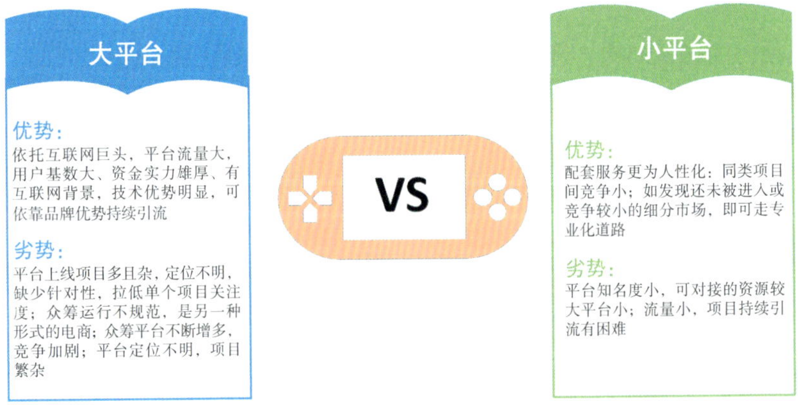

图 4-26　大小平台之间的对比

4.8 明确应对众筹风险的方法，挽回投资人经济损失

中国的股权众筹在迅速发展的同时，也存在着很多风险。有不少企业和投资者因为不了解，或者不懂如何应对这些风险，而造成经济损失。在股权众筹过程中，存在哪些风险，又该如何应对呢？

1. 应对股权架构风险的方法

众筹的魅力是大众的力量，但这种力量的负面效应是参与人数太多，很容易产生股权架构风险。那么，企业该如何合法合规地处理投资者股份问题呢？（见图 4–27）。

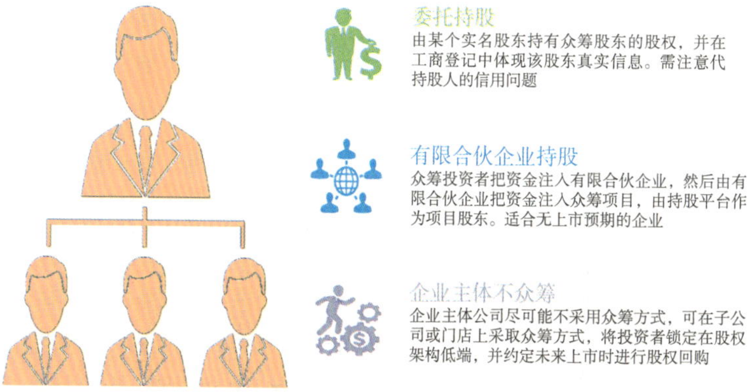

图 4–27　股权架构风险的三大应对方法

2. 应对投资者非理性风险的方法

股权众筹的实质是吸收社会上的闲散资金，降低融资成本，降低投资门槛，让普通大众参与进来。但是，与专业投资者不同的是，普通投

资者缺乏专业知识与经验。同时，也有不少投资者为了追求高回报，而选择那些高风险、高收益的投资项目，投资行为缺乏理性。一旦项目失败，对于普通投资者的伤害非常大。

为了众筹行业能健康发展，参与众筹的企业与平台都要有意识地培养普通投资者的股权投资与股权众筹意识，引导理性投资。对于投资者本身而言，最好选择一些收益可预期、持续且稳定的投资项目。除此之外，还要找一个高口碑的众筹发起人，或者保障机制完善的股权众筹平台。

3. 应对资金监管风险的方法

目前，大部分的股权众筹平台都处在野蛮生长的阶段，因此，其资金管理存在着漏洞。对于资金的监管问题，不同平台和项目方的资金管理方式都有着不同的优缺点。从风险规避的角度来看，最好借助第三方银行进行托管，如此才能避免自身监管不到位的风险。具体来说，可以采取以下三种方式（见图 4–28）。

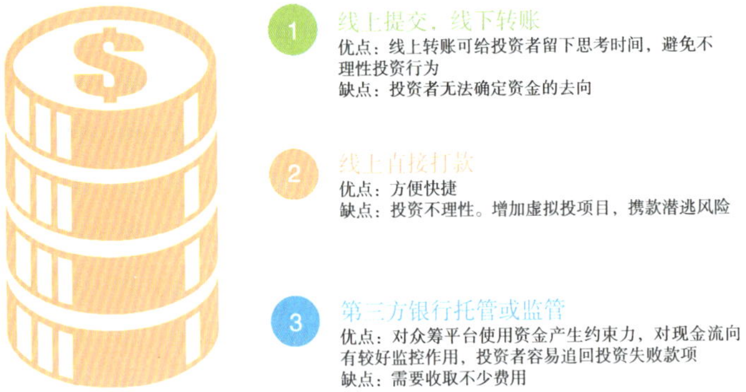

图 4–28　应对资金监管风险的三个方法

4. 应对项目管理风险的方法

有不少股权众筹项目，虽然当时众筹成功了，但后续却因为管理问题，导致项目失败。譬如 3W 咖啡一年内陆续关门，原因是因为众筹股东过多，导致项目发展战略难以统一，从而出现管理问题。要避免这个问题，就要做到以下三点（见图 4–29）。

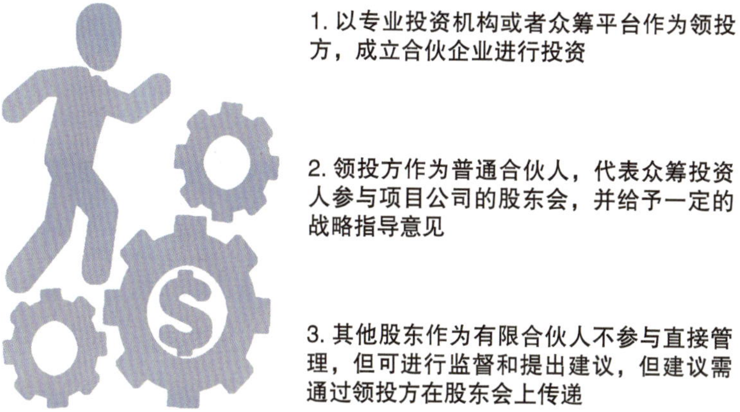

图 4–29　应对项目管理风险的三个方法

5. 应对法律风险的方法

中国的股权众筹尚处于起步阶段，相关的法律法规机制还不够完善，因此可能会面临法律上的风险，如被认定为非法集资等。除了严格按照法律法规的相关规定进行股权众筹外，有什么方法可以避免触犯法律法规呢？可按照以下三点进行（见图 4–30）。

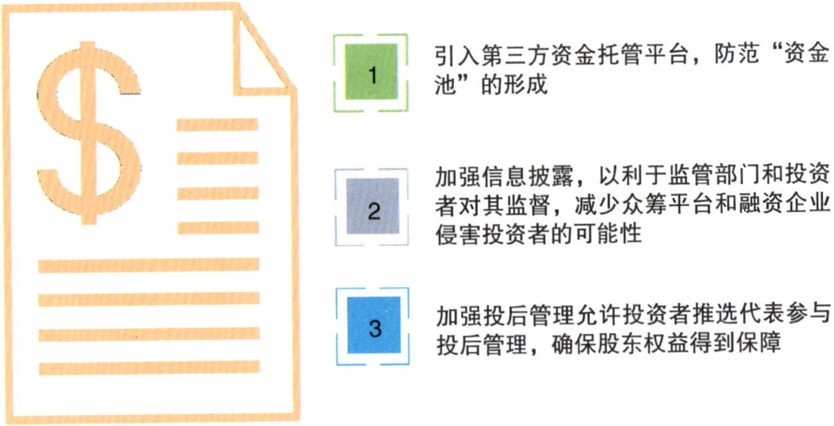

图 4—30　应对法律风险的三个方法

第5章

股权激励：

分股合心，放大人才红利

完善的股权激励机制是一个优秀企业的标配。当初创企业无力给人才支付高额薪水时，股权激励能吸引并留住企业发展所需的人才，充分激发人才的潜能，统一人才与企业的目标，激励他们为企业的发展尽心尽力。

5.1 股权激励拯救企业“人才荒”

商界流传一句话：“未来，人才不仅很贵，而且奇缺。”所以，聪明的企业不仅要招贤纳士，更要懂得知人善任。但是，即使企业做到了这两点仍然存在着“人才荒”问题：好的人才招不进来，好的人才不断流失。之所以会产生这种现象，是因为企业不懂得进行股权激励。

什么是股权激励？股权激励是企业为了激励和留住核心人才，而推行的一种长期激励机制。其有条件地给予激励对象部分股东权益，使激励对象与企业结成利益共同体，从而实现企业的长期目标。

1. 股权激励的三大作用

股权激励是企业管理制度、分配制度乃至企业文化的一次重要创新。不管是中小微企业，还是上市大企业，都要建立股权激励机制。股权激励可以给企业带来以下三个好处（见图 5–1）。

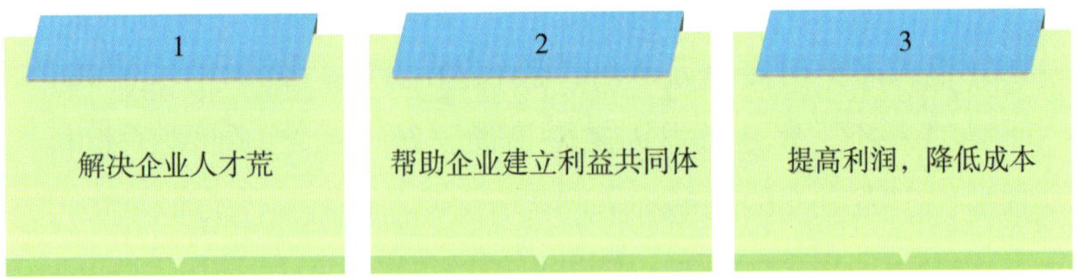

图 5–1　股权激励的三大作用

（1）解决企业人才荒

企业的持续发展离不开人才的推动。只靠月工资制度与年终奖金制度，无法激励人才充分发挥其工作积极性，持续留在企业发展。只有通过股权激励计划，把人才的利益与企业的利益紧密联系起来，才能增加他们对企业的归属感与认同感，激励他们更努力地工作，为企业带来更好的收益。此外，完善的股权激励计划还能吸引外部优秀人才流向企业，让企业保持新鲜血液，使企业在激烈的人才竞争中立于不败之地。

华为的股权激励计划一直是业界学习的对象。华为发展三十年，每个阶段都根据实际情况设计股权激励计划。这些股权激励计划为华为留住并吸引了人才。因为这些人才，华为才能成为世界知名企业，成为中国企业的代表。

(2)帮助企业建立利益共同体

一般情况下，企业的所有者与员工之间的利益并不完全一致。所有者注重的是企业的长期发展与投资收益，而员工更关心自己的工作业绩与个人收益。二者价值取向的不同，必然导致双方在企业运营管理中行为方式不同，从而造成员工在日常工作中为了个人利益而做出损害企业利益的事件。实施股权激励可以让员工成为企业的股东之一，把企业利益与员工的个人利益捆绑到一起，弱化二者间的矛盾，让其行为趋于一致。

如华为掌门人把企业的股份分给了所有员工，自己只保留了1.4%的股份，但是，这完全不影响任正非对华为的控制权，反而让华为员工对任正非产生坚定不移的向心力，像任正非一样把华为的利益看得高于一切。

(3)提高利润，降低成本

实施股权激励后，员工成为企业股东，具有分享企业利润的权利。

如此，员工工作的好坏就会影响其所得利润。这种预期的收益或损失具有一定的导向作用，能极大提高员工的积极性、主动性、创造性，促使员工大胆进行技术创新与管理创新，降低企业的生产、运营成本，提高企业的经营业绩与核心竞争能力。

华为能成为中国企业和技术的代表之一，与华为人才的创新有密不可分的联系，不管是技术上的创新还是管理上的创新，都是华为的核心人才提出来的，而这一切都建立在华为不断完善、创新的股权激励的基础上。

2. 股权激励的九大模式

每个企业都有适合自己的股权激励方式，每个方式都有不同的效果与前提条件。总结起来，企业实行的股权激励方式不外乎以下九种（见图 5–2）。

1. 业绩股票
2. 虚拟股票
3. 限制性股票
4. 股票期权
5. 股票增值权
6. 账面价值增值权
7. 延期支付
8. 员工持股
9. 员工收购

图 5–2　股权激励的九种模式

（1）业绩股票

是指企业在年初设定一个合理的业绩目标，如果激励对象到年末达成了目标，企业授予其一定数量的股票或是让其用一定的奖励、奖金购买企业股票。业绩股票的流通变现有时间与数量上的限制。

（2）虚拟股票

是指企业授予激励对象一种虚拟的股票，激励对象据此享受企业分红权和股价升值收益，但激励对象没有表决权与投票权，也不能转让和出售虚拟股票，激励对象如果离职虚拟股票则自动失效。

（3）限制性股票

是指企业事先授予激励对象一定数量的股票，但是，激励对象只有在完成特定目标后，才能抛售限制性股票。

（4）股票期权

是指企业授予激励对象的一种权利，让其在规定的时间内以事先协议好的价格购买本企业流通的股票。股票期权有时间与数量限制，需激励对象自己行使权利，支付现金。

（5）股票增值权

是指企业授予激励对象的一种权利，如果股价上升，激励对象即可通过行权获得股价升值收益。激励对象无需为行权担负任何现金费用，行权后可获得现金或是等值的企业股票。

（6）账面价值增值权

可分为购买型和虚拟型两种。前者是指激励对象在期初按每股净资产值购买企业股份，期末企业再以每股净资产末值回购；后者是激励对象在期初获得企业授予的一定数量的名义股份，无需实行任何现金支付行为，在期末按照企业每股净资产的增量与名义股份的数量来计算收益，并以此获得企业给予的现金。

（7）延期支付

是指企业将激励对象的部分薪酬，特别是年度奖金、股权激励收入，按照当日企业股票市场价格折算成股票数量存入企业、为激励对象单独设立的账户。规定时间过后，再以股票形式或根据期满时的股票市场价格，以现金方式支付给激励对象。延期支付与企业业绩紧密相连，企业业绩越好，股价市场越好，激励对象得到的回报就越高，反之亦然。

（8）员工持股

是指通过让员工持有本企业的股票和期权，使其获得激励的一种长期绩效奖励计划。由企业内部员工出资认购企业的部分股权，委托员工持股会管理运作，并由员工持股会代表持股员工进入股东会参与表决与分红。

（9）员工收购

是指企业员工利用杠杆融资的方式购买企业的股份，成为股东，与其他股东一起分担风险与分享利益，从而改变企业的股权结构、控制权结构与资产结构，实现持股经营。

3. 股权激励的五大机制

股权激励手段能否发挥作用，除了受激励对象的内在利益驱动之外，还受到各种外在机制的影响，具体包括以下五种（见图 5–3）。

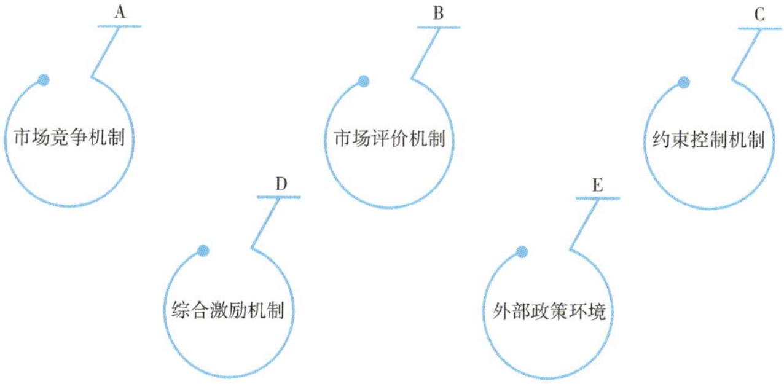

图 5-3　影响股权激励效果的五大外部机制

（1）市场竞争机制

以行政任命或者其他非市场选择方式确定经理人，是很难让约束机制发挥作用的。只有充分利用市场机制，择优选择，才可以保证经理人的素质。同时，通过市场规律选择经理人，可以让其在经营过程中考虑到自身价值定位，从而避免投机、偷懒行为的产生，让股权激励对经理人行为产生长期的约束引导作用，使股权激励发挥最大的效果。

（2）市场评价机制

当前中国人才市场，因为各种因素的影响呈现单一态势，导向急功近利，人才评价标准缺乏客观与公正性，这也会影响到股权激励的效果。因此，企业在进行股权激励之前，需要确保市场主体在人才评价中的基础与导向作用，减少外部影响，规范企业的人才评价行为，建立科学化、社会化、市场化的人才评价制度，使股权激励在正确的、优秀的人才身上发挥出最好的效果。

（3）约束控制机制

企业可以结合法律法规、企业规章制度、内部控制管理系统等，为股权激励建立一套良好的控制约束机制，防止激励对象做出有损企业利益的行为，保证企业健康发展。

约束机制与激励机制是相辅相成的，一方面可以约束激励对象的行为，防止道德风险的发生，另一方面也可以激励激励对象对工作更加勤勉负责。

（4）综合激励机制

除了受股份、股票收益影响之外，股权激励的效果还会受薪酬、奖金、晋升、培训、福利等因素的影响，不同的激励方式产生的效果不同。企业要根据自身的情况综合各种激励因素，选出最合适自己的。

（5）外部政策环境

外部政策环境对股权激励的效果有极大的影响，比如我国法律规定：上市企业只能采取股票期权、限制性股票与股票增值权三种模式进行股权激励，涉及的标的股票总数不得超出企业股本总额的 10%。这些规定都会对股权激励的效果有所影响。

5.2 制定股权激励计划要点，建立企业利益共同体

企业进行股权激励，一定要确定六个要点，分别是定人、定量、定时、定价、定源头、定条件。

1. 定人：确定股权激励对象

股权激励对象的合理选择对股权激励的有效实施有至关重要的作

用。股权激励的对象是有所选择的，而不是人人都有份。为此，不少企业感到困惑。什么样的员工才能被选择成为股权激励的对象？怎样才能筛选出股权激励的对象？下面给出了几点参考。

（1）股权激励对象的选择原则

确定股权激励对象时要把握以下三个原则（见图5–4）。

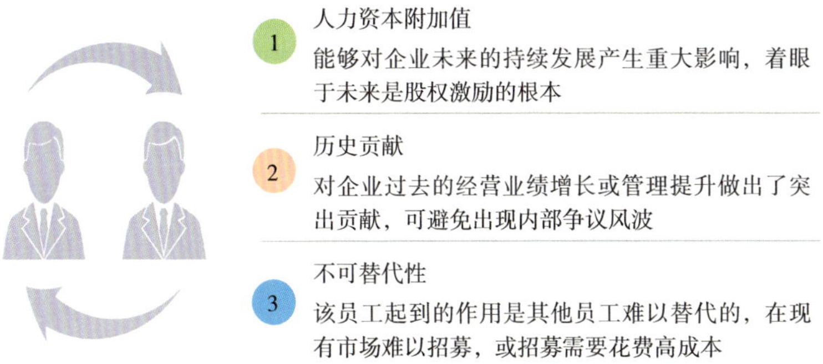

图5–4　选择激励对象的三个原则

（2）股权激励对象的选择范围

股权激励的对象应该是对企业具有战略价值的核心人才，因此，激励对象的选择范围需包含三个层面（见图5–5）。

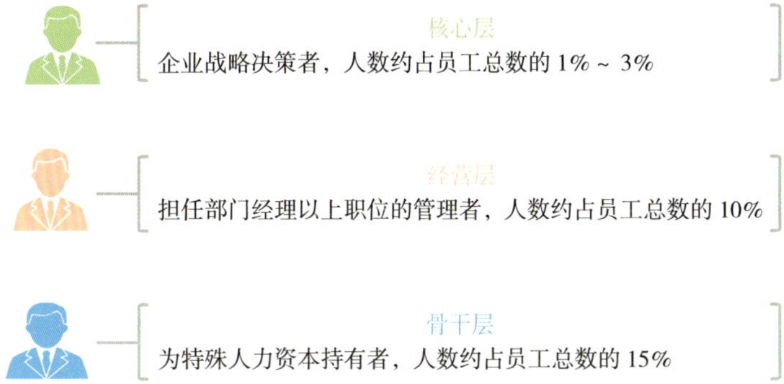

图5–5　股权激励对象选择范围的三个层面

(3) 法律对股权激励对象的规定

2016 年 8 月 13 日起施行的《上市公司股权激励管理办法》，对股权激励对象的选择做了以下规定（见图 5–6）。

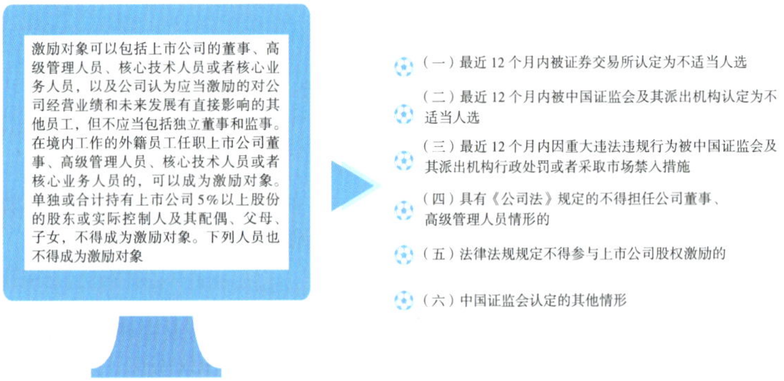

图 5–6　相关法律对股权激励对象的规定

2. 定量：确定股权激励额度

要实施股权激励计划，就必须确定激励额度，即企业要给激励对象多少股份？每个激励对象给多少？

(1) 确定总额度

确定股权激励总额时需要考虑以下几个因素（见图 5–7）。

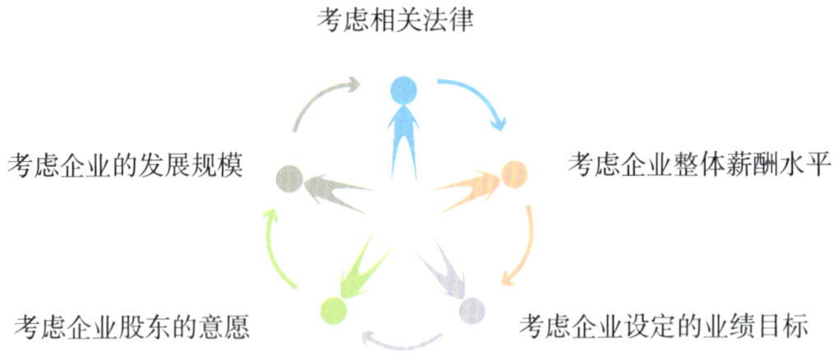

图 5–7　确定总额需考虑的五大因素

因素一：考虑相关法律。上市企业在制定股权激励的总额度时，需考虑相关法律规定（见图 5-8）；非上市企业的股权激励总额度，法律并没有强制性规定，企业可根据自身情况自由设计。

2016 年 8 月 13 日起施行的《上市公司股权激励管理办法》第十四条规定：上市公司可以同时实行多期股权激励计划。同时实行多期股权激励计划的，各期激励计划设立的公司业绩指标应当保持可比性，后期激励计划的公司业绩指标低于前期激励计划的，上市公司应当充分说明其原因与合理性。上市公司全部在有效期内的股权激励计划所涉及的标的股票总数累计不得超过公司股本总额的 10%。非经股东大会特别决议批准，任何一名激励对象通过全部在有效期内的股权激励计划获授的本公司股票，累计不得超过公司股本总额的 1%。本条第二款所称股本总额是指股东大会批准最近一次股权激励计划时公司已发行的股本总额

图 5-8　相关法律规定的股权激励总额度

例如，华业地产在 2011 年曾授予激励对象 800 万份股权，约占当时企业股本总额的 1.24%；青岛海尔在 2014 年发布的第四期股权激励计划，拟授予激励对象 5456 万份股权，约占当时企业股本总额的 2.01%。由此可见，两家企业的股权激励总额都未超过法律规定的 10%。

因素二：考虑企业整体薪酬水平。企业在确定股权激励总额度时，需要考虑自身的整体薪酬水平。如果比同行业高，则激励总量可以少一些，反之亦然。

以华为公司的薪水水平为例，如果按传统的工资计算方式，华为的薪酬水平属于行业偏低水准，因此它给予员工的股权总量就比其他企业高。如此，通过所得收益加上公司薪酬与福利，华为员工的最终收入就超过了行业平均水平。

因素三：考虑企业设定的业绩目标。确定股权激励总额度时，还需要考虑公司所设定的业绩目标的难易程度。如果业绩目标高，达成的年度目标难度较大，需要激励对象付出更多的努力，那么就要加大股权激励总额度，反之亦然。

因素四：考虑企业股东的意愿。股权激励涉及到企业现有股东的权利，因此，激励总额度的大小与股东意愿有很大的关系。如果股东让渡得多，股权总额就会大一些，反之亦然。

例如，截至 2016 年年底，华为已经实行了四次股权激励，其大部分股权都分给了员工，创始人任正非只保留了 1.4%。华为的股权激励制度之所以能享誉业界，与股东的分享精神分不开。股东愿意让渡，华为的股权激励才能为华为留下顶尖的研发与管理人才。

因素五：考虑企业的发展规模。如果企业的规模较大，发展阶段较高，股权激励的总量可以小一些。因为当企业发展到一定规模与阶段时，盈利稳定、营收体量大。虽然股份少，但是获得的收益并不少，反之亦然。

（2）确定单个激励对象的额度

股权激励是针对具体的人而执行的，因为每个激励对象都有其自身的特点，所以需要的激励力度也是不一样的。那么，企业该如何确定单个激励对象的额度呢？需要考虑以下几个因素（见图 5–9）。

因素一：考虑相关法律规定。上市公司在确定单个激励对象的激励额度时，需符合有关法律法规的强制性规定（见图 5–8）。对非上市公司，法律并没有明确规定额度，企业可根据实际情况进行设定。

因素二：考虑公平性。需合理分配高层管理人员、中层管理人员、核心技术骨干所占股权份额的比例，体现公平公正原则。高管所占比例不能过高，避免让其他激励对象产生不公平感。

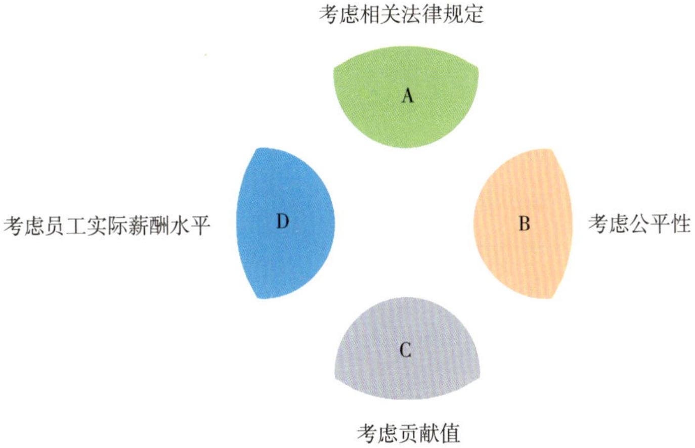

图 5–9 确定单个激励对象额度需考虑的四个因素

因素三：考虑贡献值。在授予额度时，需要按照激励对象对企业的贡献度大小与重要性来确定股权额度，如此才能体现出区别性。

因素四：考虑员工实际薪酬水平。单个股权激励对象的额度一般都是根据其实际能力、对企业的重要性程度来确定。激励额度也需要与其薪酬水平相适应，避免出现薪酬倒挂现象。

3. 定时：确定股权激励时限

股权激励计划中设计的时限，主要包括以下几个方面（见图 5–10）。企业应根据法律规定、激励中的约束以及管理的需要，制定相应的时间表。

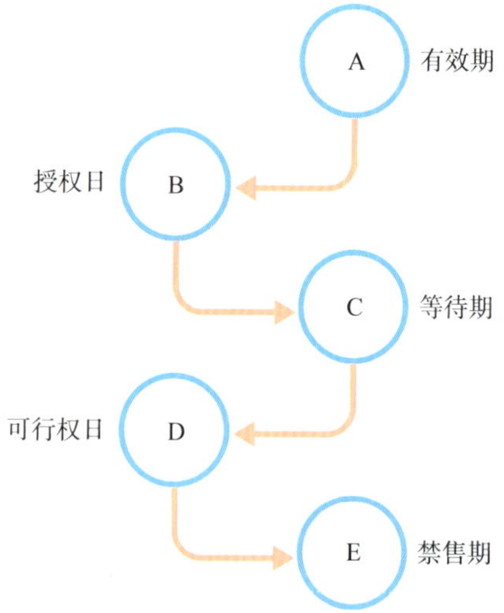

图 5-10　股权激励计划中的五大时间点

(1) 有效期

是指股权激励计划从经过股东大会或者中国证监会审批生效，直至该计划涉及的最后一批激励标的股份行权解锁完毕、股权激励计划终止的期限。一般是 2 ～ 10 年，如果要继续实施，必须再次得到批准。

如腾讯公司 2007 年 12 月 13 日晚发布股权激励计划，根据该计划，股权将由独立受托人购入，成本由腾讯支付，计划在采纳日期（12 月 13 日）生效，有效期为 10 年。

(2) 授权日

是指激励对象实际获得授权的日期。授权日是股东大会通过之后再召开董事会，由董事会制定的一个具体日期。

(3) 等待期

是指激励对象获得股权激励标的之后，需要等待一段时间，达到事前约定的约束条件，才能获得激励股份或者激励标的的完全处分权。

例如，苏宁电器在2010年股票期权股权激励计划中对等待期规定：第一个行权期可行权股票权的等待期为自首个授权日起12个月；第二个行权期可行权股票权的等待期为自首个授权日起24个月；第三个行权期可行权股票权的等待期为自首个授权日起36个月；第四个行权期可行权股票权的等待期为自首个授权日起48个月。

（4）可行权日

行权期是指股权激励计划的等待期满，次日起至有效期满当日止，可以行权的期限。可行权日指激励对象可以开始行权的日期。

如苏宁电器在2010年发布的股权激励计划中对于可行权日的规定：

授予的股票期权自授权日起满12个月后，按以下安排行权：

第一个行权期：激励对象自授权日起12个月后的首个交易日起至授权日起24个月内的最后一个交易日当日止，可行权额度上限为获授股票期权总额的25%。

第二个行权期：激励对象自授权日起24个月后的首个交易日起至授权日起36个月内的最后一个交易日当日止，可行权额度上限为获授股票期权总额的25%。

第三个行权期：激励对象自授权日起36个月后的首个交易日起至授权日起48个月内的最后一个交易日当日止，可行权额度上限为获授股票期权总额的25%。

第四个行权期：激励对象自授权日起48个月后的首个交易日起至授权日起60个月内的最后一个交易日当日止，可行权额度上限为获受股票期权总额的25%。

若未能满足行权条件，则当期的股票期权不得行权，该部分股票期权由公司注销。若激励对象符合行权条件但未在上述行权期内全部行权的，则未行权的该部分期权由公司注销。

（5）禁售期

又称强制持有期，是指激励对象在行权后必须在规定时间内持有该激励标的，不得转让、出售。激励对象为公司董事、高级管理人员的，禁售期有以下几个规定（见图 5-11）。

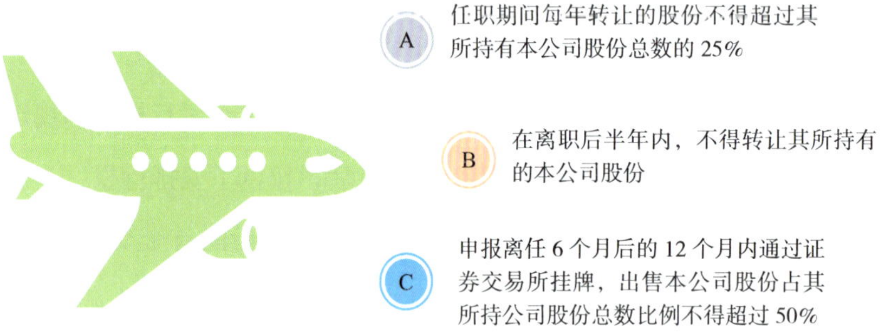

图 5-11　禁售期的规定

4. 定价：确定股权激励标的价格

如何合理确定股价，是股权激励中最为关键的部分，同时也是企业进行股权激励的重点与难点所在。股权价格的制定，上市与非上市公司在价格确定的方式、涉及的要素等方面完全不同。

（1）上市企业股权激励标的价格的确定

上市企业股权激励计划涉及到公众股东的利益，因此需要遵守以下相关法律的强制性规定。

①上市企业实施股票期权激励模式的行权价格。根据《上市公司股

权激励管理办法》规定，上市企业授予激励对象股票期权时应当确定行权价格的确定办法，行权价格不得低于股票票面价格，且原则上不得违背以下规定（见图 5-12）。

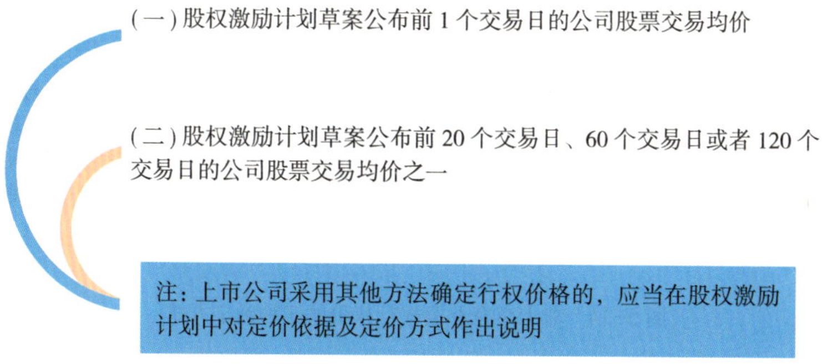

图 5-12　上市前企业股票行权价不得违背的规定

②上市企业授予激励对象限制性股票的价格。根据《上市公司股权激励管理办法》规定：上市公司在授予激励对象限制性股票时，应当确定授予价格或是授予价格的确定办法。授予价格不得低于股票票面金额，且原则上不得违背下列规定（见图 5-13）。

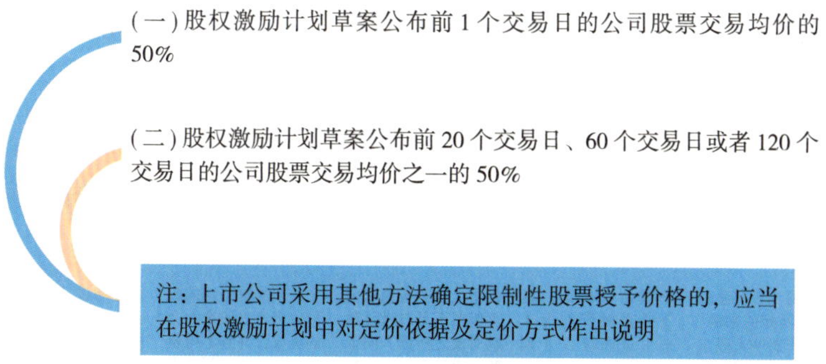

图 5-13　上市企业授予价不得违背的规定

（2）非上市企业股权激励标的价格的确定

在具体操作中，中国非上市企业通常将授予价格确定为每股 1 元，而行权价的确定方式，一般有以下四种（见图 5-14）。

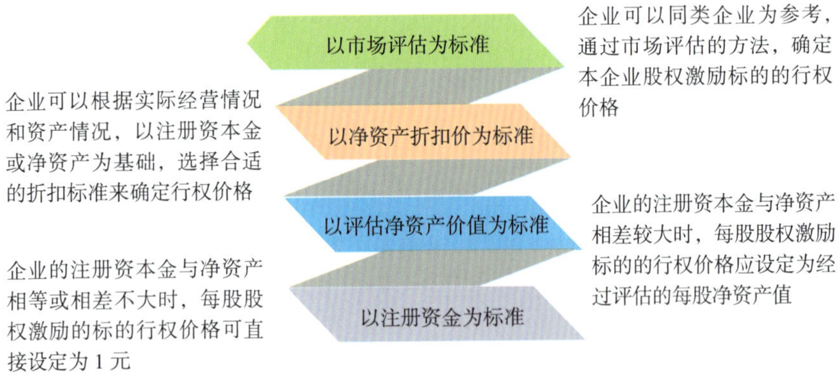

图 5-14　非上市企业股权行权价的四种确定方式

5. 定源头：确定股权激励来源

一个企业如果要实施股权激励计划，就必须做到“有股可期”“有股可授”。即企业必须拥有一定数量的股票，以确保股权激励计划的顺利实施。

根据《上市公司股权激励管理办法》规定，拟实行股权激励计划的上市企业，可根据本企业的实际情况，通过以下方式解决标的股票的来源（见图 5-15）。

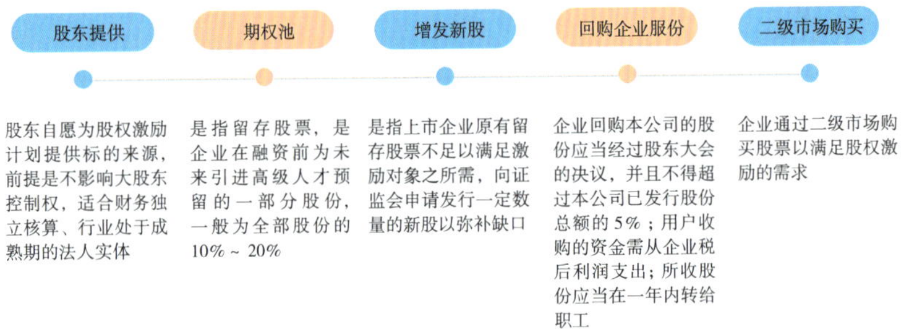

图 5-15　解决标的股票来源的五大方式

6. 定条件：确定股权激励标准

股权激励计划的约束条件包括两个部分，授予条件与行权条件。前者是指激励对象获授激励标的时必须达到或满足的条件；后者则是指激励对象行权时需要达成的条件。

（1）上市企业实施股权激励计划的授予条件

根据《上市公司股权管理办法》规定，企业未发生下列任一情形，即符合实施股权激励计划的法定主体资格要求（见图5-16）。

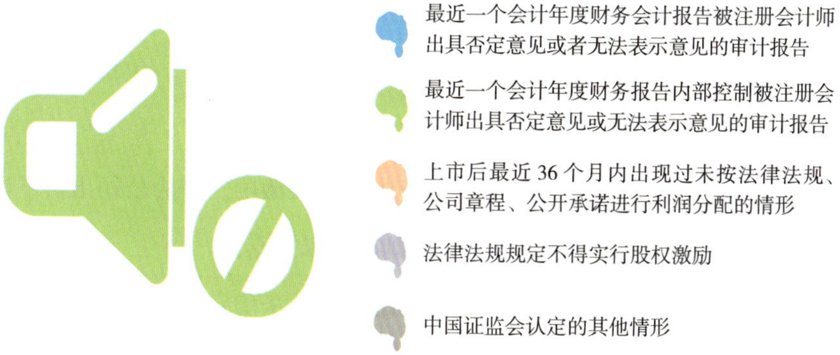

图5-16 股权激励主体资格需符合的条件

（2）上市企业股权激励的行权条件

股权激励的行权条件分为两大类，一类是对企业业绩的考核，另一类是对激励对象个人绩效的考核。

根据《上市公司股权激励管理办法》第十一条规定：绩效考核指标应当包括公司业绩指标和激励对象个人绩效指标。相关指标应当客观公开、清晰透明，符合公司的实际情况，有利于促进公司竞争力的提升（见图5-17）。

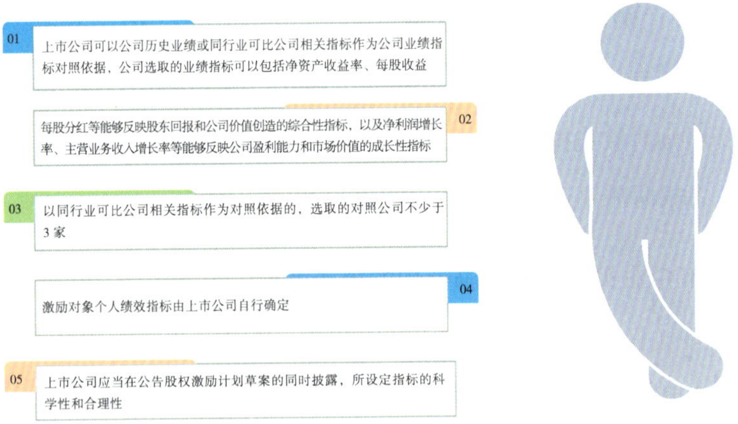

图 5–17 《上市公司股权激励管理办法》第十一条规定内容

掌握了以上六大要点，就可以制定股权激励方案了，如华为公司股权激励方案的制定就包括了以上 6 个要点：

激励对象：只有“奋斗者”才能参与股权激励。华为公司出台了许多具体措施识别“奋斗者”（具体识别标准未披露）。

授予数量：华为公司采用“饱和配股制”来确定股权激励额度，每个级别员工达到上限后，就不再参与新的配股。员工最高职级是 23 级，工作三年的 14 级以上员工每年大约可获授数万股，较为资深的 18 级员工，最多可以获得 40 万股左右的配股（具体数量计算方式未披露）。

授予时限：激励对象只要达到业绩条件，每年可获准购买一定数量的虚拟股票，达到持股上限后，公司不再授予虚拟股票。

授予价格和回购价格：2001 年后，华为公司按净资产值确定股价。华为公司的虚拟股体系没有参照公开市场的价格体系，每股净资产价格、相关净资产的计算都参照了毕马威公司的审计报告。具体的计算方式并不公开。2010 年其股票购买价格为 5.42 元；员工离开公司，华为投资控股有限公司工会委员会会按当年的每股净资产价格购回股票。

2012年回购价格为每股5.42元。

资金来源：工作三年的14级以上员工每年大约可获授数万股，以最近三年5.42元的购股价格计算，需要几十万元的购股资金。华为公司基本上不给员工提供购买股票的资金。员工购买股票的资金来源为：

银行贷款：华为员工以“个人助业”的名义获得银行信贷，支付购股款。合同显示贷款用途为“个人事业发展”，贷款期限为三年，贷款利率为月利率0.4575%，担保方式为个人薪酬收益权及账户质押。

分红款：大多数华为员工在分红后，即将红利购买新的股票，因为股票收益增长的幅度要比工资增长的幅度高得多。

授予条件和分红业绩条件：相关报道未披露华为公司授予激励对象虚拟股票的业绩条件，也未披露激励对象享受分红的业绩条件（授予股票业绩条件与分红业绩条件之间的关系也未予披露）。

5.3 制定股权激励考核种类，激发员工积极性，达成企业战略目标

企业实施股权激励的目的，是让员工的工作积极性得到最大程度地激发，以保证企业战略目标的完成。因此，在实行股权激励的过程中，行权条件是其最为关键的环节，而考核指标、考核方法在很大程度上决定了行权条件的有效性，影响到整个股权激励计划的最终效果。

股权激励计划的考核分为两个方面，分别是企业业绩考核与激励对象绩效考核。

1. 企业业绩考核

企业业绩考核常用的考核指标一般有三种（见图 5–18）。

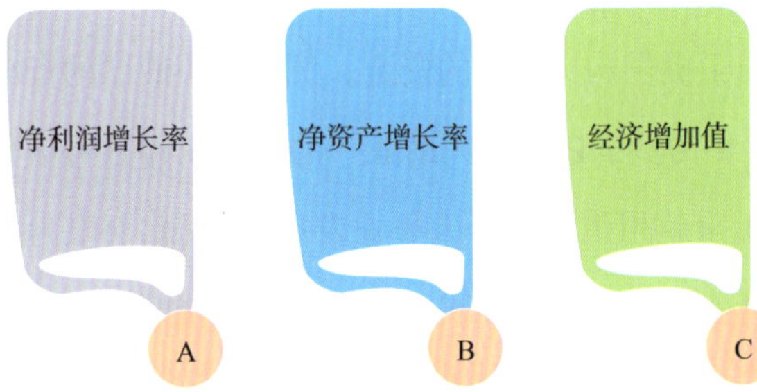

图 5–18　企业业绩考核常用的三种指标

（1）净利润增长率

净利润也称税后利润，是利润总额减去所得税后的余额，代表企业最终的盈利。净利润增长率代表企业的净利润增长幅度，越大代表企业的盈利能力越强，是衡量企业盈利的重要指标。

如 2015 年 12 月，亚威股份在公布的首期限制性股权激励计划草案中，就把净利润增长率作为企业业绩考核指标（见图 5–19）。

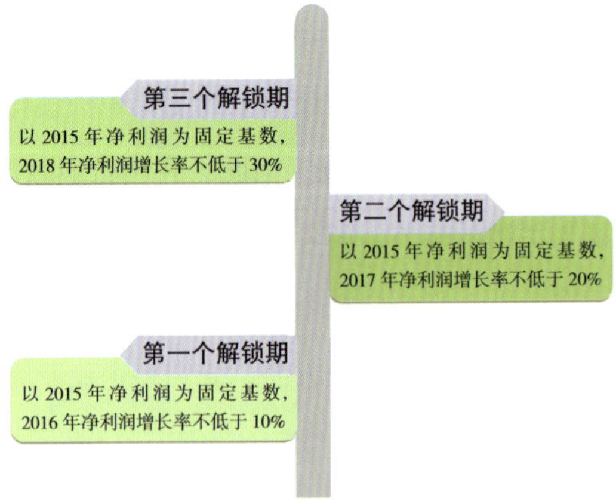

图 5–19　亚威股份把净利润增长率作为业绩考核指标

（2）净资产收益率

净资产收益率又称为股东权益报酬率、净值报酬率，是企业税后利润除以净资产得到的百分比率，其反映了股东权益的收益水平以及企业自由资本获得净收益的能力。

2016年6月，保利地产公布了第二期股票期权激励计划草案，其就是以净资产收益率作为业绩考核指标的（见图5–20）。

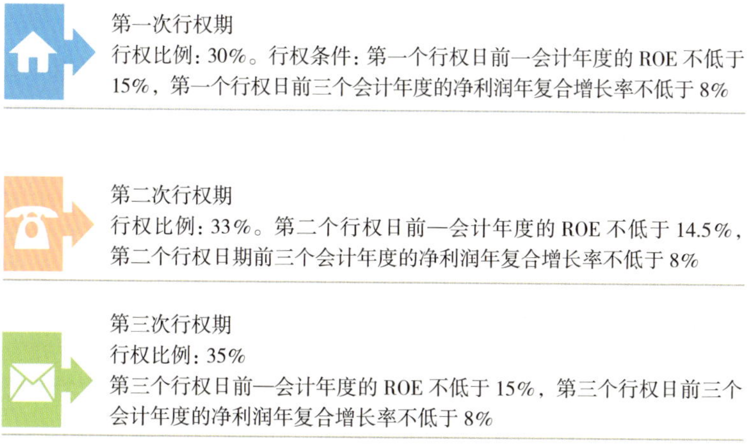

图5–20　保利地产以净资产增长率作为业绩考核指标

（3）经济增加值

是指从税后净营业利润中扣除包括股权与债务的全部投入资本成本后的所得。其核心是资本投入前是有成本的，只有当企业的盈利高于其资本成本时，股东手中的股权才能增值。

山东阿胶股份有限公司在2010年4月发布的“中长期激励实施办法”，就是以经济增加值作为业绩考核的指标（见图5–21）。

依据公司经注册会计师审计的年度报告，若本年度净资产收益率达不到 10%，则不提取激励基金

若本年度净资产收益率达到 10% 及以上时，则由薪酬与考核委员会基于劳动力市场对标、经济增加值测算等因素进行审核，确定提取比例

注：计算应提取的激励基金总额，报董事会批准，但提取额的增长率不超过净利润长率。激励基金在本年度成本中列支

5–21　山东阿胶股份公司以经济增加值作为业绩考核指标

除了以上三种常用的考核指标外，一些上市企业也会采用一些创新性指标作为股权激励的考核标准，如市场增加值、每股收益、经营性现金流、销售收入增长率、利润总额等。企业可以根据自身情况选择适合自己的考核指标。

2. 激励对象绩效考核

激励对象绩效考核是指企业在既定的战略目标下，设定特定的指标对激励对象的工作行为与业绩进行考核，并根据考核结果对其进行正面引导。有以下三种具体考核方法。

(1) 目标管理法

目标管理法是一种把企业的整体目标逐级分解为个人子目标，然后依据考核对象完成目标的实际情况进行考核的考核方式。具体的实施方法包括以下八个内容（见图 5–22）。

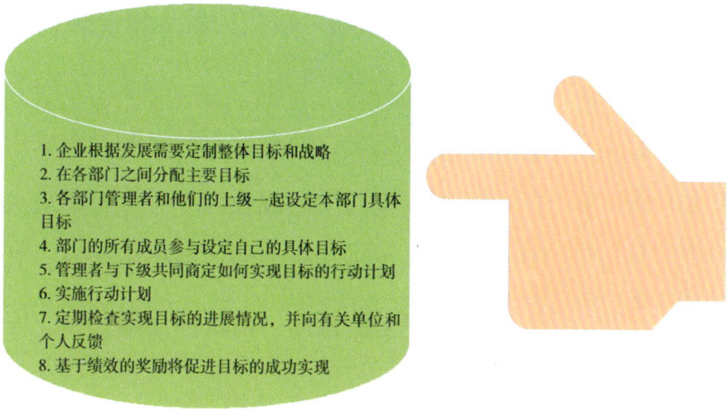

图 5–22 目标管理法实施的八大内容

（2）平衡计分卡

平衡计分卡是一个系统的战略管理工具，以企业的财务、客户、业务、成长四个维度为切入点，把企业的战略目标逐步分解转化为相互平衡的绩效考核指标体系，同时对这些指标的完成情况进行考核。平衡计分卡的实施方法主要包括以下几个方面（见图 5–23）。

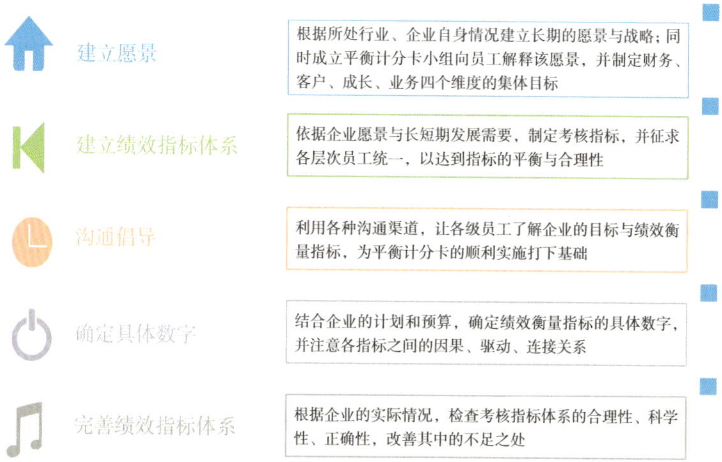

图 5–23 平衡计分卡实施的五大内容

如朗姿股份有限公司的股权激励考核指标就运用了平衡计分卡来考核。

运用平衡计分卡（BSC）的概念，朗姿针对股权激励对象中高级管理人员，从财务、客户、内部流程与学习成长四个维度考虑应关注的关键增值领域，将关键增值领域转化为可衡量的关键绩效指标，其中：

财务维度考核项目主要包括：销售额、回款额、增长率、净利润额等指标；

客户维度考核项目主要包括：客户满意度指标；

内部流程维度考核项目主要包括：营运管理、“四化”（标准化、程序化、数据化、IT化）建设等指标；

学习与成长维度考核项目主要包括：组织能力建设、人才培养等指标。

对于股权激励对象中的其他核心技术（业务）人员，绩效指标主要来自两个方面：部门绩效指标的分解和本人所从事岗位工作职责的相关性指标。各岗位考核指标的目标值和权重由其上级领导会同“薪酬与考核委员会”确定。

激励对象在考核期内发生岗位变动的（如因个人原因被撤职、降职、处分者等），考核指标跟随岗位变动，年终统计时，前后岗位按照时间段确定权重汇总计算绩效等级（调动到新岗位有过渡期，过渡期按前岗位考核指标考核）。

（3）关键绩效指标

关键绩效指标是指对企业内部某个环节的输入与输出的关键参数进行设置、取样、计算、分析。是一种目标式量化管理指标，是把企业的战略目标分解为可操作的工作目标的工具。运用关键绩效指标进行考核，可以让股权激励对象明确自己的责任，并以此为基础，明确其业绩衡量指标。关键绩效指标的设定需要符合 SMART 原则（见图 5–24）。

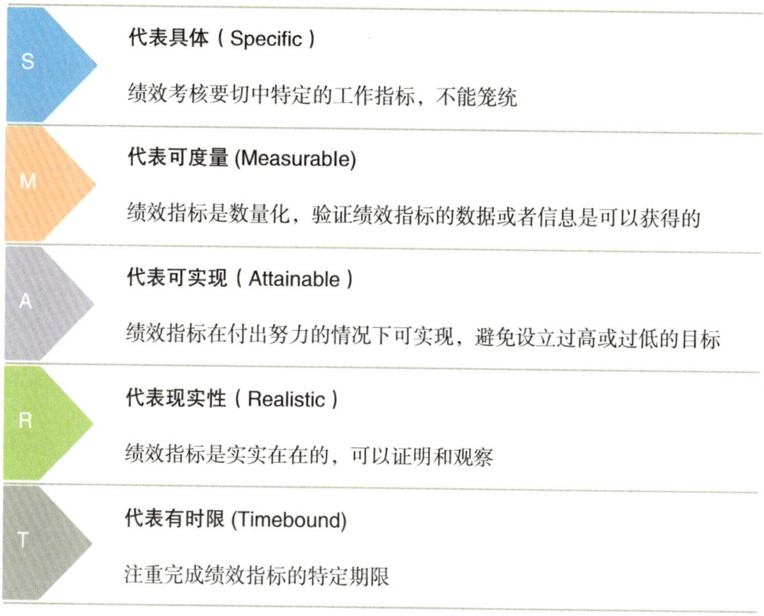

图 5–24　SMART 原则的具体内容

5.4 制定股权激励策略，留住企业核心人才

股权激励是为了激励和留住核心人才而推行的一种长期激励机制。有些企业虽然实施了股权激励，效果却不如意，企业人才还是不断流失。股权激励失败是因为企业没有掌握方法，从而才使自己的激励方向

走偏，导致人才不断流失。如何才能保证股权激励方向不跑偏呢？以下方法值得借鉴。

1. 选择合适的股权激励模式

股权激励并不是只有股票期权激励一种方式，股权激励还包括了限制性股票、虚拟股票增值权等 8 种模式。因为 A 股上市企业用得最多的是股票期权，很多人就以为股权激励只有股票期权这一种方式。其实，股权激励的方式还有很多，企业可以根据实际情况选择适合自己的。

2. 确定自己是否适合股票期权激励

有不少企业认为股票期权激励模式适用于任何行业，因此毫不犹豫地将之用到了自己企业，其实这是一种错误的思维。一般来说，只有符合以下三个条件的企业才能实施股票期权激励计划（见图 5–25）。

图 5–25　企业实施股票期权需达到的条件

3. 确定企业治理结构是否完善

有不少企业认为推行股权激励可以完善企业治理结构，其实恰恰相反，完善的企业治理结构是企业推行股权激励的前提条件。反之，一个治理结构不完善的企业如若贸然实施股权激励，可能会引发企业生存危机。完善的企业治理结构包含两层意思（见图 5-26）。

企业法人治理结构需包含以下要素：股东大会、董事会、监事会、经理层、职工大会等

上述要素以合约关系为纽带，各司其职，互为制衡。股东大会选举出董事会，董事会作为委托人，要求员工尽职尽责，使企业股权能增加更多价值

图 5-26 完善股权激励的两层意思

如安然公司在 2001 年遇到的负面事件，就是因为其企业的治理结构只有形式而没有实质导致的。形式上，安然公司的股东大会、董事会、监事会、经理层、职工大会一应俱全，实质上，这些全都沦为了摆设，没有发挥出相互制衡的作用。

安然公司除了支付董事会成员每人 7.9 万美元的服务费，还与许多成员存在大量利益关系。在这种情况下，董事会的地位与作用被大大弱化，企业 CEO 与职业经理人的权利却得到了极大提高，最终股东的利益被消耗殆尽。

4. 期权费用需计入成本

有些企业认为股权激励的成本并不高，实质上，股权激励产生的高昂费用却让很多企业出乎意料。2007年年报显示，有19家企业明确了报告期内予以摊销的期权费用。这19家企业共实现净利润104.88亿元，其中，期权费用合计就达到了13.12亿元，占比12.5%。这等于上市企业拿出一成的企业净利润做股权激励。

因为期权费用低的错误想法，导致许多企业并不把其计入成本之内，因此给企业造成了非常大的隐患。安然事件就证明了这一点。其前CEO斯基林在美国国会听证会上承认：股票期权不计入成本，可夸大企业盈利水平。

对于股权激励制度尚不完善的中国上市公司来说，这一权益工具带来的费用问题包括以下三种（见图5-27）。

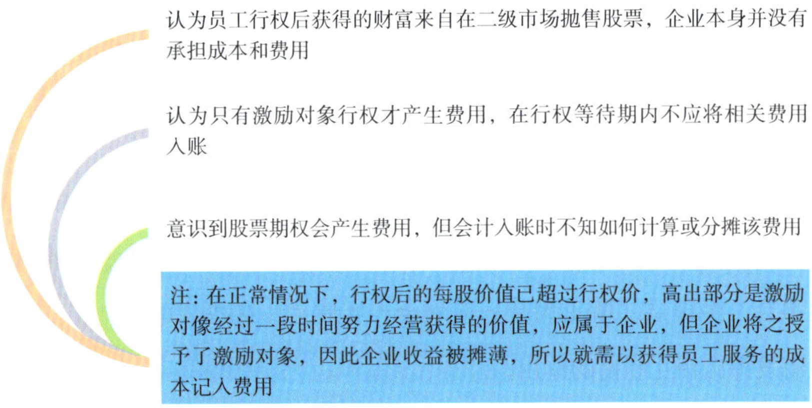

图5-27　中国企业面临的三大期权费用问题

5. 行权价格要稳定

在中国的股权激励市场，有不少企业对行权价格的制定过于随意，更改也过于频繁。从原则上讲，在股价不低于行权价的情况下，一般不允许上市企业通过股票期权重新定价，以此来提高股票期权的价值。即使必须更改，也需要股东大会表决通过才能执行。遇到以下六个情况，企业的行权价就需进行改变（见图 5-28）。

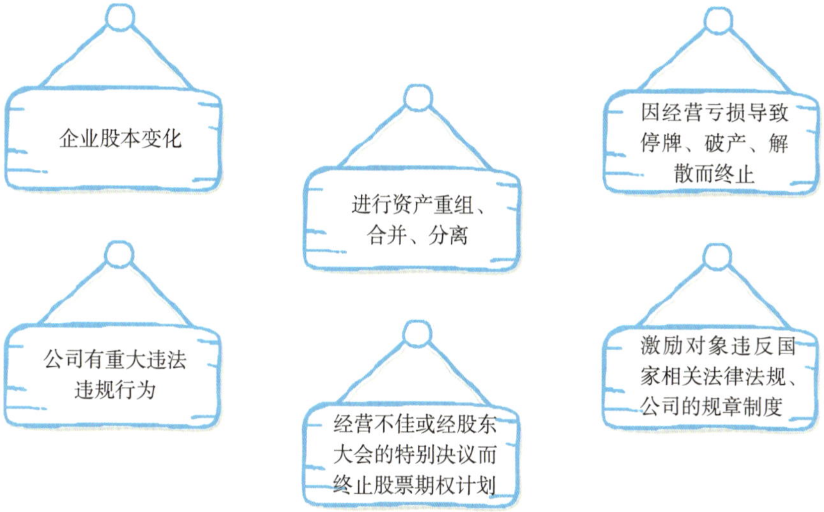

图 5-28　行权价需要更改的六种情况

5.5 制定防范股权激励风险措施，避免经济纠纷

实施股权激励，可以帮助企业产生很多积极效应，但是，企业在实施股权激励过程中也会面临一些风险。如果处理不当，不但无法通过股权激励达到自己的目的，还可能造成一些不必要的麻烦。所以，企业在实施股权激励时，必须防范以下风险。

1. 合同问题风险

股权激励方案落地后，要注意签订书面合同，不能只公布实施方案以及对股权激励做口头约定，或者用劳动合同代替股权激励合同。

中关村在线就曾经因为这个问题与激励对象产生了纠纷。该企业与员工签订劳动合同时，约定乙方工作满 12 个月后可以获得甲方分配的 8 万股股权。但这个“8 万股”并没有明确地规定，因此造成了后期的纠纷。比如企业总股本有多少？ 8 万股占企业总股本的比例是多少？该比例对应多少权益，权益价值按资产额还是市值核定？获得权益的对价是多少？这些合同中都未有明确的规定。

2. 投资者追究创始股东违约责任风险

如果已经融资或是正在进行融资，一些问题处理不好，就会导致股权激励计划与融资协议相冲突，投资者就有权追究企业创始股东的违约责任。所以，在此过程中企业需要处理好以下问题（见图 5–29）。

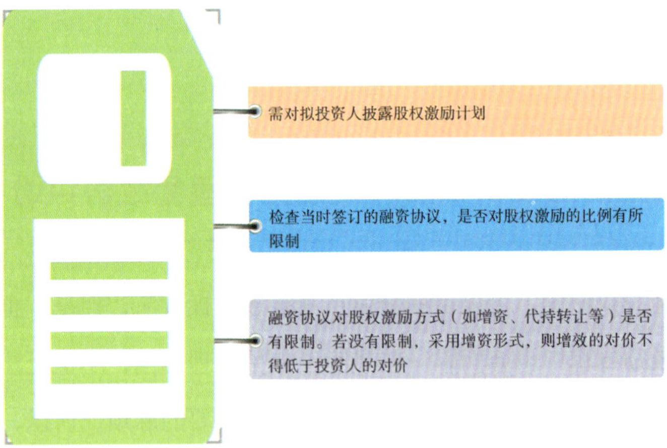

图 5–29 企业需处理的三个问题

3. 创始股东未履行出资义务风险

如果创始股东未按期履行出资义务，在实施股权激励后，如果是授予实股，激励对象即可成为股东。此时，激励对象就可以以创始股东为理由缴足资金，向其主张违约责任。因此，创始人在实施股权激励时要注意：激励对象获得实股之后，其与创始股东的地位，在法律上是平等的。如果要避免纠纷，创始股东应该在实施股权激励计划之前补足出资。

4. 股权稀释风险

当企业股东采取股权转让或者增资扩股的方式进行股权激励时，原股东的持股比例就会稀释，在公司章程无规定的情况下，大股东就有可能失去控股权。因此在进行股权激励时，一定要对股东的表决权做出特别约定。

5. 被激励对象违约风险

该风险要结合股权激励中法律关系的选择来分析，如果激励合同的主要内容是员工福利，那么，激励对象一旦违约，激励合同中的违约条款就无法起到约束作用。所以，激励合同要依据相关法律的特征来设计，使其违约责任条款对激励对象起到约束作用。

5.6 制定股权激励资源整合方案，捆绑上下游企业，提高核心竞争力

股权激励，不只是针对企业内部人才，还可以针对外部，特别是企业上下游资源。没有一家企业是独立存在的，也没有一家企业只依靠自己就能获得成功。除了需要企业内部人才的帮助，也需要外部环境的有

力支持。

试想一下，当企业要生产一批产品，却发现上游企业无法提供原材料，或者是生产完一批产品后，下游企业无法提供渠道，企业怎么能获得成功呢！所以，要避免这种上下游关系不稳定给企业带来的危害，企业可以利用股权激励，把上下游的资源整合到一起，也把上下游的利益与自己捆绑到一起，一荣俱荣，一损俱损。

2006 年 11 月 9 日，上市企业泸州老窖向 9 名特定投资者定向增发 3000 万股，其中 2 家是投资公司，另外 7 家则是经销商。这些经销商共获得 1229.4 万股，占本次定向增发的 40.95%。

数据显示，依靠这八大经销商，2005 年，泸州老窖“国家 1573”与泸州老窖系列产品主营业务获得 1.3 亿元收入，占全年主营收入的 9.92%；2006 年上半年，获得 1.38 亿元收入，占该企业上半年主营业务总收入的 13.93%。

泸州老窖之所以能获得这么好的成绩，与其对经销商进行股权激励的效果分不开。通过定向增发，实现了经销商与泸州老窖的利益一致，使双方从单纯的厂商关系转变为更为紧密的资本利益纽带关系。经销商从销售者变成合作者，更加关心泸州老窖的品牌、市场拓展等方面的情况。

从泸州老窖的案例可以看出，它是用股权激励来整合上下游企业的资源，把大家都捆绑到一条利益链上，结成利益共同体。具体而言，对上下游企业资源的整合，可以通过以下三种方式。

1. 根据区域成立合资公司

对下游企业的股权激励，企业可以学习华为和格力，全国各省的销售企业与经销商针对某个区域或者产品合作成立一家合资企业，大家共同持有这个合资公司的股份，这个区域所有的销售都由该合资企业负责。这种股权激励的模式可以起到三大作用：一是方便与经销商业务往来；二是为经销商设立了一个平台担保公司，减少失败风险，即使失败也是小范围失败，不会有大范围影响；三是让经销商与企业的利益紧紧捆绑到一起，能更尽心地工作。

2. 与上下游建立一个共有平台

是指企业与上下游企业合资打造一个新的公司，大家共同持股，然后在这个共有的平台上合作。如百丽，就是与上下游企业共同出资打造一个新的企业，然后把这个新企业打造成上市企业。

3. 根据销量持虚拟股

企业可以与小经销商和供应商合作，让对方根据销量持有企业股份。但是，这种一般是虚拟股，比如期权。销量越好，持有的企业股份就越多。如此，经销商和供应商与主体企业之间就建立了一种更加牢固的关系。如泸州老窖和海尔就是采取这种模式。

企业一旦通过这三种股权激励方式把上下游企业捆绑到一起，企业的竞争就不是个体的竞争，而是整个产业链都在参与竞争。其供应体系、营销体系都能比同类企业高出一个层次，核心竞争力能得到极大的提高。

股权估值：

零到百亿美元企业的诞生

股权投融资的第一关就是股权估值。企业股权估值的高低，受很多因素的影响，如盈利能力、收益率、折现率、客户基数、供求关系、产品形态……企业要想获得高估值，就要把握好估值方法，研究不同时期的评估要素，了解影响估值高低的因素，学习高估值的包装艺术，如此才能创造百亿美元估值的企业。

6.1 如何将股权估值进行到底

企业股权到底能估值多少？每个企业、每个投资者都有自己的方式，但是不管是什么样的方式，适合自身，能够正确对企业的股权进行估值才是最重要的。下面简单介绍几种市面上常用的估值方法。

1. 收益法

收益法又称收益还原法或者收益本金化法，是一种公认的资产评估方法。以企业未来收益作为标准来衡量资产价值，将评估对象的预期收益，用适当的折现率折现，累加得出评估基准日的现值，以此来估算企业的资产价值。

（1）收益法的特点

收益法的特点主要体现在以下三个方面（见图 6-1）。

图 6-1　收益法的三个特点

（2）实行收益法需符合的条件

在实行收益现值评估法之前，需要确定被评估企业的资产是否符合以下三个条件（见图6–2）。

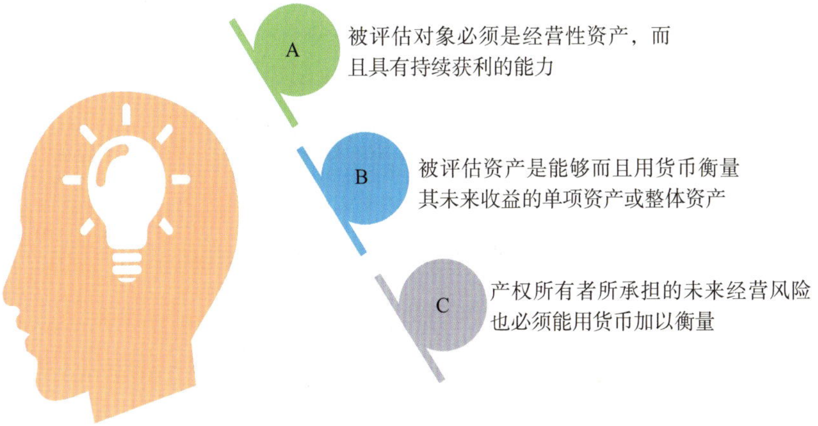

图6–2　被评估企业的资产需达到的三个条件

（3）收益法需确定的三个核心问题

用收益法评估企业的价值，需要确定企业的三个问题，分别是确定预期收益额、确定未来收益期限、确定折现率。

确定预期收益额。预期收益额受企业背景、政策因素等诸多因素影响，存在着很大的不确定性。在确定预期收益额时，需要掌握以下两点（见图6–3）。

既要联系历史又高于历史

联系历史：企业的未来收益离不开企业现有的生产条件、技术条件、市场条件。同时，未来经济情况的确定很大程度上是建立在现时法律、法规、信贷、税率等制度下。这是决定企业收益额大小的客观条件

高于历史：企业未来收益额的确定，必须是在考虑资产的最佳与合理使用的基础上，通过对未来市场的发展前景及各种因素对企业未来收益额的影响进行分析，模拟出企业在未来某个时期的经营状况和经营业绩来加以达到

既可以采用现金流又不排斥采用净收益

现金流：资产的内在价值是其未来现金流量的现值。采用现金流来确定未来收益额，即运用企业在未来经营期内经营过程中的现金流入量与流出量的差额来确定企业资产收益。它包括企业在未来的一切收支净额，无论是营业收支、投资收支还是资产收支，只要形成现金净流量就应该看作是收益

净收益：指企业在未来经营期内所获得的归资产所有者拥有和支配的价值金额即收入减去成本、费用、税金后的税后利润。如果撇开未来意义的成分，比较接近于一个长期使用的用以考核企业绩效的考核指标——企业净利润，在企业的财务报表体系、企业有关的管理部门工作中得到广泛地运用

图 6–3　确定预期收益额需掌握的两点

确定未来收益期限。资产的价值体现在获取未来能力上，这与未来收益期的长短有极大联系。因此在评估企业价值时，需要涵盖资产的整个收益期限，是有限期与无限期的统一（见图 6–4）。

01 有期限

根据具体情况的不同，可选用营业执照的期限、经营合同规定的期限、租赁期限、整个经济寿命周期等。例如可以采用营业执照的年限或经营合同指定的年限

02 无限期

根据具体的情况判断为无期限者，主要适用于：在企业经营比较正常且没有对足以影响企业继续经营的某项资产的使用年限进行规定，或者这种限定是可以解除的，并可以通过延续方式永续使用的，则在测算其收益时，收益期的确定可采用无限期

图 6–4　确定未来收益期限的有限期与无限期

确定折现率。其是影响评估价值的重大因素，即使只是一点点变动都会对整个评估结果产生巨大影响。因此，在确定折现率时，需遵循以下两个原则（见图 6–5）。

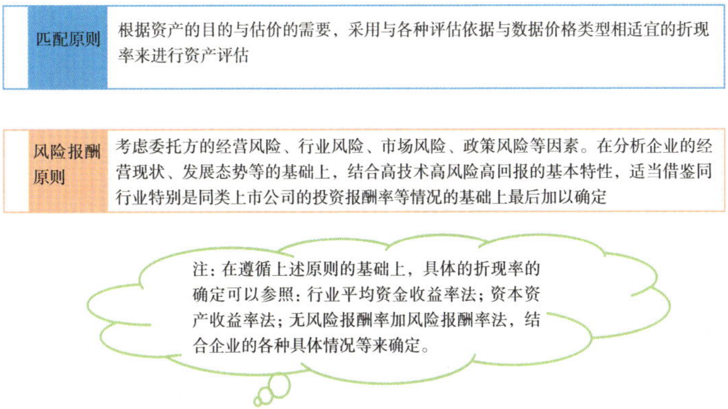

图 6-5　确定折现率需掌握的两个原则

收益法适用于各类企业的评估，是目前运用最广泛的一种资产评估方法。例如，掌趣科技收购动网先锋、博瑞传播收购漫游谷、华谊兄弟收购银汉科技、大唐电信收购要玩娱乐、浙报传媒收购杭州边锋等知名企业，其股权最终的交易价格的确定都是以该方法的评估结果为基础。

2. 市场价格比较法

市场价格比较法是指把被评估资产与最近售出类似资产进行比较，然后通过类似的市场价格进行调整，从而确定被评估资产市场价值的一种资产评估方法。

企业股权价值评估中的市场价格比较法，则是指通过对市场上与被评估企业处于同一或者类似行业的企业的经营与财务数据进行比较分析，计算出其价值比率或经济指标，在比较分析的基础上得出被评估企业股权价值的方法。

应用市场法对企业股权价值进行评估可以参照三个步骤：

（1）步骤一：进行市场调查，选择参照物

搜集与评估对象类似的资产市场交易的基本数据资料，如交易的价

格、时间、批量等，并确定其准确性。在选择参照物时应注意以下四点（见图 6–6）。

图 6–6 选择参照物应注意的四点

如小米手机当初只发展了两年就被外界估值超过百亿元，其估值的参照物就是与之类似的手机企业，如苹果手机、三星手机、魅族手机等。

（2）步骤二：进行因素比较，调整差异

在确定评估对象的价值时会受到多种因素的影响。因此，在使用市场法进行评估时，就要把评估对象与参照物的各种因素进行逐一地对比，如实体特征的对比、地理特征的对比、销售价格的对比、销售对象的对比。根据与参照物比较后的数据，再分析调整各对应因素的差额，进而确定评估对象各因素之间的价值。

如小米手机与苹果手机做对比时，就要考虑到其销售价格及销售人群的差异，一个是高价格，一个是低价格，销售一部苹果手机抵得上销售好几部小米手机，但是小米手机面对的人群却比苹果手机面对的人群广。所以，在两者进行对比时，需要调整其中的差异。

（3）步骤三：根据对比基础，综合定价

在认真比较各因素并调整其中差异的基础上，综合确定评估对象的

价值。比如对小米手机的价值评估，可通过参照物苹果或魅族手机的销售价格比较评估其资产价值。在对其销售价格、用户人群、成本制作等方面进行比较分析并调整后，综合各种因素，最后将小米手机的估值价格定在了 100 亿元。

3. 重置成本法

是指在现实条件下重新建立一个全新状态的评估对象，所需的全部成本减去评估对象的实体性陈旧贬值、功能性陈旧贬值以及经济性陈旧贬值的差额，最后得出评估对象现实价值的一种评估方法。其基本公式为：评估价值 = 重置成本 − 实体性贬值 − 功能性贬值 − 经济性贬值；评估价值 = 重置全价 × 成新率。

（1）评估程序

重置成本法的评估程序可以概括为以下四个步骤（见图 6–7）。

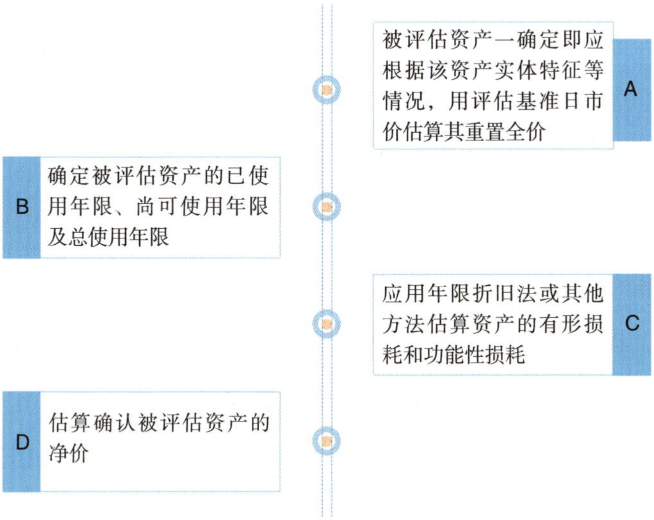

图 6–7　重置成本法的四个评估步骤

（2）应用条件

应用重置成本法时，需要达到以下四个条件（见图 6–8）。

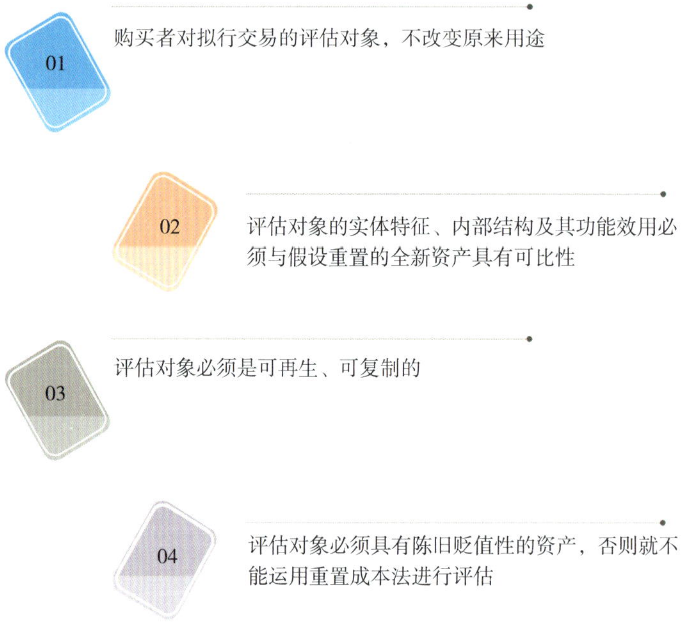

图 6–8　被评估对象应用重置成本法需达到的四个条件

4. 市盈率

市盈率估值法是国外成熟证券市场上较为常用的股票投资价值的评估方法，以市盈率与市销率相结合的方式，体现上市企业的相对价值，有利于投资者对企业股票的价值做出正确判断。

在应用市盈率对企业股权进行估值时，可以按照可比公司法原理进行（见图 6–9），其与市场价格比较法类似。

选择可比企业

应选取在行业、主营业务或主导产品、资本结构、企业规模、市场环境以及风险度等方面相同或相近的企业

确定比较基准

找出可比企业股票价格最密切相关的因素，即对样本企业股价最具解释力的因素，通常是样本企业的基本财务指标

根据可比企业样本得出的基数

在对比过后，就可以对其得出的数据进行综合计算，最后得出被评估企业的价格

图 6-9　可比公司法的三大操作技巧

6.2 研究估值基本问题，正确估值，降低现金流风险

从本质上看，股权估值是把企业的核心资产及未来所产生的现金流用一个合适的折现率折现。不管企业具备什么样的核心特征，在估值过程中都需要解决四个基本问题。

1. 现有资产产生的现金流是什么

被估值企业的现有资产产生的现金流是什么？在寻找这个答案的过程中，通常会涉及以下几个问题：一是近期企业现有资金会产生多少利润与现金流？二是预期这些利润与现金流的增长率有多少？三是现有资产所产生的现金流能够持续多少时间？把这些问题弄清楚了，才能对被估值企业的现有资产产生的现金流是什么有正确的理解。

虽然可以从企业当期财务报表中获取上述问题所要的答案，但是财务报表提供的只是数据，不是答案。特别是在企业的现有资产还未被充分利用的情况下，估值时确定的现金流结果，很可能与实质上的结果产生差异。此外，在估值时，企业还需要注意一个问题：当一家企业业务的波动性比较大或现有资产利润受宏观经济影响而上下波动时，会存在评估问题。

2. 未来投资能带来多少价值

对于一些企业来说，大部分的企业价值都是来自未来的新增投资。那么，如何去评估这些投资所带来的价值呢？可以从两个变量出发（见图 6–10）。

按企业利润来判断新增投资的大小

企业是将其利润的 80% 还是 20% 进行再投资，其新增价值结果会大不相同

以超额回报衡量的新增投资的质量

是指产生于投资的超过资本成本的回报率。如果资本成本为 20%，增长型资产的投资回报率为 30%，则产生增值。如果是增长型资产投资回报率为 20%，与资本成本相同，则不会有增值。意思是指创造价值的是增长的超额回报，而不是增长本身

图 6–10　判断新增投资价值的两个变量

3. 现金与新增资产产生的现金流风险有多大

不管是现有资产产生的现金流，还是新增资产产生的现金流，都具有不确定性。因此，在对这些现金流进行评估时，需要考虑其中存在的风险性。一般来说，可能会遇到以下三个问题（见图 6–11）。

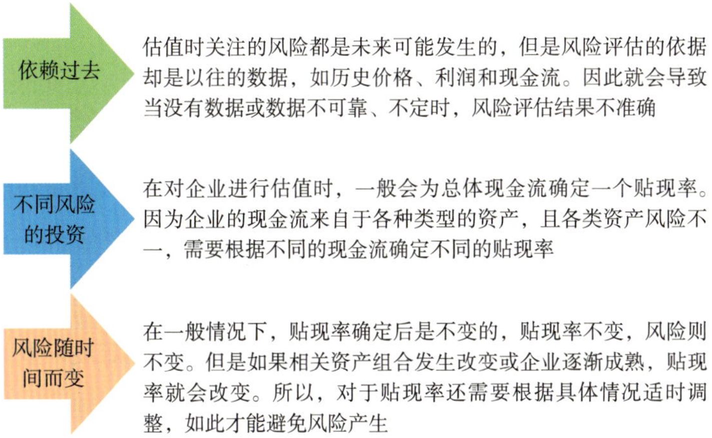

图 6-11　现金流评估可能遇到的三个问题

4. 企业进入成熟期的时间、障碍

在估值时，需要确定企业进入成熟期的时间，找出其中存在的潜在障碍。这个问题至关重要，其决定了企业有多长时间的高速增长期，以及在这个时期企业能得到多大的估值。对于规模较大且较稳定的企业，确定这个问题非常容易。但是对于那些增长依靠某一竞争优势且有到期日的企业（如某一专利权），就相对困难，因为会存在以下两个问题（见图 6-12）。

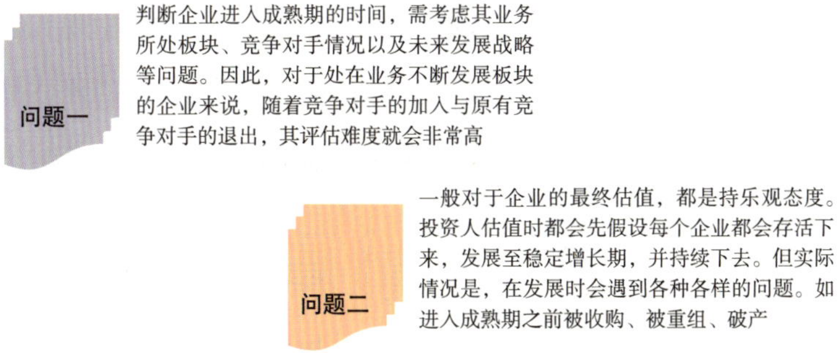

图 6-12　增长依靠某一竞争优势的企业确定进入成熟期时间的两大问题

6.3 研究不同时期估值评估要素，直击估值结果

企业处于不同的生命周期对于其股权估值有着极大的影响。一般来说，企业的生命周期可以分为四个阶段：初创期、成长期、成熟期、衰退期。随着企业所处生命周期的不同，股权估值的评估难度以及估值结果也不同。

1. 初创期

对处于初创期企业的估值，需考虑以下几个要素。

估值参与者：企业所有者与天使投资者；

收入 / 利润：潜在市场是什么、用户会否买产品、怎么收费、盈利点在哪里；

生存问题：企业能否活下去；

估值要素：潜在市场、资本投资、利润率、人的价值；

数据问题：无经营历史、无财务数据。

处于初创期的企业，没有经营历史，没有甚至只有很少的收入，依赖资本成长，夭折几率高，更没有作为可比的企业。估值中现有的资产现金流、新增资产现金流、贴现率、终值等任何一个变量的评估都极具难度。初创企业的投资估值，多数都是因为投资者看好其业务模式及创业团队。

如 OFO 共享单车，其早期的业务模式是微信平台，且业务范围只在北大校园内，没有经营历史，更没有营业收入，只是依赖自身模式的

价值生存发展。其早期投资者唯猎资本是其第一轮、第二轮的投资者，投资时，唯猎资本完全无法对OFO做出估值，因看好其业务模式及团队精神，两轮投资了200万元。

2. 成长期

对处于成长期的企业进行股权估值，需考虑以下几个要素。

估值参与者：风口基金、IPO；

收入／利润：企业能否成长、收入能否增加、竞争对手在干什么、对企业有什么影响；

生存问题：企业能否被并购；

估值要素：收入增幅、目标利润率；

数据问题：低收入、负利润、变化的利润率。

一般来说，在这个阶段，企业的产品和服务已经成型，已经找到了适合自己的细分市场，收入开始快速增长，企业开始扭亏为盈，有少量的处于同阶段的可比性企业。但是，在这个阶段的企业，可能由于客户端或者自己所在行业的生命周期走到尽头，又或者是来自于竞争对手的压力，如巨头杀入市场，导致企业失败。

例如，2016年初，OFO的单车数量、用户订单都已经得到了进一步快速发展，其准备将市场拓展至全国。此时，OFO获得著名投资者金沙江创投合伙人朱啸虎的投资。朱啸虎为什么要投资OFO？因为看好其商业模式，也看到了该模式的盈利空间。此时的OFO日接单量已经达到了1万多单，范围覆盖了5个校园，正准备从校园拓展至全国。

3. 成熟期

处于成熟期的企业，估值时需要考虑以下几个因素。

估值参与者：增长型基金、价值型基金、PE 基金；

收入／利润：随着企业渐渐成熟，投融资政策会否变化、企业有问题能否重组；

生存问题：企业能否上市；

估值要素：资本回报率、再投资率、增长动力、利润、成本、资本的变化；

数据问题：如果管理改变，数据随之改变。

处于这个阶段的企业，有了足够的历史数据与可比企业，增长率也相对稳定，现金流的风险也相对减少，其估值工作也变得相对简单，且很容易获得高估值。但是，处于这个阶段的企业，通常会通过并购或者内部重组方式改变生产率，使增长率、资产结构发生改变，继而影响到企业的估值结果。

2017 年 3 月 1 日，OFO 创下了共享单车行业单笔融资最高纪录：4.5 亿美元，同时成为同行业估值最高的独角兽企业，估值高达 138 亿元人民币。OFO 之所以能获得这么高的估值，就是因为其市场份额增长率得到了极大提高，并趋于稳定。

截至 2017 年 3 月 1 日，OFO 已经占据共享单车市场 51.2% 的份额，获得同行业第一，并在三个月内以 218% 的增长率成为共享单车行业“增速之王”，登顶苹果 APPstore 免费总榜与旅游类免费榜第一，成为登顶速度最快的移动应用 APP。

根据 OFO 方透露，其连接单车数量超过 150 万，注册用户超过 2500 万，覆盖中国、美国、英国、新加坡四个国家，为用户累计提供出行服务超过 4 亿次。

4. 衰退期

处于衰退期的企业，在做股权估值时需要考虑以下几个因素。

估值参与者：价值资金，分拆估值；

收入／利润：收入和利润逐年减低；

生存问题：企业会否倒闭；

估值要素：资产剥离，清偿；

数据问题：收入衰减，负利润。

此时企业已经进入了“不惑之年”，几乎已经没有价值是来自于未来资金，其价值多数是来自于现有资金，收入与利润都趋于平稳，很难再上升，且下降的几率非常大。同时，衰退期的企业债务风险会逐步上升，因此很难用一个合适的贴现率对现金流进行折现。因此对企业采取清算价值或者账面净值的方式来评估股权价值，会比传统的估值方法可靠。

6.4 研究影响估值的因素，做大初创企业估值

在投融界平台上，创业者在融资过程中总会被问到两个问题：一是你的企业值多少钱？二是投资方是如何对企业进行估值的？因此，创业者必须思考一个问题：估值多少，即一份股份多少钱，投资方才会认为价格合适，才能买进企业的股权，同时又不会让自己吃亏？

对于初创企业来说，估值的结果与现金流贴现模式、收益法估值、市盈率法估值并没有关系。创业者需要明白一点：初创企业估值的结果

并不是企业的价值，而是投资方认为你的企业值多少钱。如果企业想拿到高估值，用最少的股权换取最大的融资额，就要仔细考虑影响企业估值的几个因素。

1. 供求关系

从创业者角度看，创新强、市场空白大、切实解决用户痛点的初创企业，在投资市场越来越少，在物以稀为贵的投资市场中，初创企业一旦具备了上述三点，其议价能力就会高出很多；从投资者的角度看，好项目虽然难找，但是一旦找到就一定要投资，因为其未来的收益非常可观。

在这种市场供求关系中，一些初创企业如果能受到众多投资者的青睐，身价必定大涨，估值也会水涨船高。所以，初创企业在为融资做股权估值时，要尽量多找一些投资者，为企业发展寻找更多选择，为企业营造供不应求的现象。

如 OFO 在 2016 年 4 月，吸引了真格基金、天使投资者王刚等 A 轮及 A+ 轮共计 2500 万元人民币的融资。因为其吸引了众多知名投资机构与投资者的青睐，在 C 轮融资中 OFO 又获得了滴滴、小米、顺为资本等资本的进一步投资，且获得 1.3 亿美元融资，之后的融资额也是一笔比一笔高。其能获得高融资的原因之一，是 OFO 在投资市场中为自己制造了供不应求的现象。

2. 行业发展

初创企业的估值一般不涉及现金流，但是可以参考行业发展状况进行估值。例如，技术含量较高的企业较容易拿到高估值；在目前互联网＋的风口下，互联网企业的估值也比较高。此前的电子商务、

O2O 等行业领域的企业都引发资金方的狂热追捧，并带动了相关企业的估值上涨。因此，在估值前，企业可以收集相关行业的资料，了解融资、收购、并购的相关消息，了解其成交的价格，这些对于为自己的企业做一个合理的估值是非常必要的。

如 2017 年，互联网金融行业的企业都普遍高估值，在估值前十名中，排在第一名的蚂蚁金服的估值已经高达 4110 亿元人民币，排在第四名的陆金所，估值 1270 亿元人民币，其都属于互联网金融行业。因此，属于互联网金融行业的初创企业不妨参考这些企业的估值数据。

3. 客户基数

初创企业的积累客户与流量是估值最重要的看点之一。流量与客户可以从数据上直接看到，也容易进行估值，特别是流量变现后的收益更容易估值。企业的产品再好，再处于高速发展，都需要客户。不管是哪种类型的企业，只有获得客户，才能获得高估值。初创企业吸引客户的速度越高，基数越庞大，在投资者眼中，企业估值就越高，股权价值就越大。如京东，虽然它不是初创企业，但是它多年连续亏损，却没有倒闭，且能持续获得高融资，并成功上市，就是因为它有庞大的客户基数。

4. 企业产品

初创企业自身的发展情况是绝对估值高低的重要因素。成型的产品、充分的运营数据、已产生的收入甚至企业利润，都可以让投资方提高投资兴趣。初创企业在估值之前，可以先让产品上线运营一段时间，进行测试改良，当拿到好的运营结果与用户数据后，再进行估值，这样可以增加说服力。

5. 创业团队

投资圈流行这样一句话："一流的创业团队可以把二流的项目做成一流项目，二流的创业团队能把一流的项目做出二流项目。"投资方对于初创企业的估值与投资一般都是看其团队。如果初创企业拥有一支优秀的队伍，必然能让投资方相信即使企业现在略有不足，但未来极具发展潜力，必然能给自己带来 10 倍甚至更高的收益回报。如唯猎资金早期对 OFO 的投资。

6. 交易细节

融资交易的细节问题也会对初创企业的估值产生极大影响。比如企业是否拥有合理完善的股权架构？股权出让的比例如何？投资方是否有权参与优先股？是否拥有优先清算权？如果初创企业没有把握好其中的度，那么估值结果肯定不能尽如人意。

6.5 研究影响估值的包装策略，提高企业股权估值

俗话说："佛靠金装，马靠鞍"。决定估值大小的，不仅包括资产、业绩等企业的内在硬实力，还包括了企业形象、文化、团队等软实力。软实力不仅可以帮助企业攻城略地、战胜对手、提高销售额，还可以帮助企业做大估值。

1. 包装团队

对于很多投资者来说，在买进一家企业的股权时，除了要看对方的

业绩、市场潜力外，还要看企业的核心团队，特别是初创企业的核心团队。核心团队如何，直接决定了其是否能获得高投资。估值更是如此，如果一家企业拥有一个让人看好的核心团队，对于企业估值的提高帮助极大。

那么应该如何包装团队，做大企业估值呢？不妨从知识、经验、能力、企业家精神、历史业绩等多个方面入手。

如在2016年获得100亿美元估值的蜜芽宝贝，它的核心团队成员就被“包装”得很好。

创始人：刘楠，先后获得北京大学新闻与传播学院与艺术学双学位，以及大众传播硕士学位。曾是新闻学院学生会主席以及北大第一家通讯社新传社的创始人。2008年曾在北京陶氏化学公司工作。

运营负责人：徐超，拥有10多年客户服务领域工作经验，曾先后就职新浪网、上汽荣威、好乐买。

技术负责人：寿敏捷，拥有10年互联网技术开发和电子商务领域的开发与管理经验，曾先后就职新浪网、粉丝网、赛我网、好乐买。

蜜芽核心团队的专业背景、多年的工作经验正是外界看好其发展，并给出高估值的原因之一。

2. 包装企业文化

企业文化体现企业的追求与价值观。因此，不妨借助企业文化，向社会公众传递一种责任感，传递一种积极向上、创新、开放协调的良好企业形象。此外，尽可能把企业文化直接体现在企业的产品上，好的产品是外界对企业最直观的印象。

比如估值高达4110亿元人民币，排在2017年创业估值榜第一名的蚂蚁金服的企业文化。

企业使命：致力于为世界带来微笑而美好的改变。

企业六个价值观：

客户第一：客户是衣食父母；

团队合作：共享共担，非凡人平常心做非凡事；

拥抱变化：迎接变化，勇于创新；

诚信：诚实正直，言行坦荡；

激情：乐观向上，永不言弃；

敬业：专业执着，精益求精。

简单的一段话，就让人感到蚂蚁金服是一个开发、创新、诚信可靠、用户至上的企业。

3. 宣传推广，加大企业影响力

除了通过包装创业团队、企业文化来加大企业的估值，还可以通过各种渠道来宣传企业，让企业广为人知来获得高估值。如电视广告、微博、微信都是很好的宣传渠道。

如估值高达 2280 亿元人民币，排在 2017 年创业估值榜第三名的滴滴出行。它之所以能获得这么高的估值，除了产品实力过硬之外，营销也功不可没。

不管是微博、微信上，还是在各种媒体论坛，或者是电视广告上，滴滴出行都抓住每一个机会曝光自己。

此外，直接提高了滴滴出行知名度与用户量的是微信红包。滴滴出行通过微信红包分享机制，迅速在微信朋友圈引发了传播，让自己在短时间内获得高关注度、高用户量。

6.6 研究高估值独角兽企业共性，创造估值奇迹

2017 年 3 月 1 日发布的《2016 年中国独角兽企业发展报告》显示：中国 131 家独角兽企业总估值达 4876 亿美元，其中超过 100 亿美元的超级独角兽企业包括：蚂蚁金服 750 亿美元、小米 460 亿美元、阿里云 390 亿美元、滴滴出行 338 亿美元、陆金所 185 亿美元、美团点评 180 亿美元。这些独角兽企业之所以能有这么高的估值，自然有其优势和共性。

1. 高估值独角兽企业的四个共性

但凡被高估值的独角兽企业都有一些共性，主要可以概括为以下几个方面（见图 6–13）。

图 6–13　高估值独角兽企业的四个共性

（1）具备差异化的品牌定位

独角兽企业都有一个独特的品牌定位，要么创造一种新的需求，要么引领一个新的品类。比如以前人们出行都是采用公共交通工具或者是出租车，从来没有人通过手机 APP 直接打车。但是当打车软件出来后，就有人通过手机 APP 直接打车了。可是，当时的打车市场还没有领导者，于是，滴滴出行通过发展成为这个行业的领导品牌，占据了绝对的市场份额。因此，滴滴出行成了独角兽企业。

（2）抓住了时间窗口

获得高估值独角兽企业的第二个共同特点是：抓住了时间窗口。即当一个新事物兴起之时，这些企业抓住了这个新事物，进入了这个新行业。而这个进入的时间，为企业开创了一个时间窗口。在这个时间窗口之下，企业不断采取饱和攻击，在用户心智中垄断一个词或是占据一个位置，进而占据了绝对的市场份额，因此成为了独角兽企业。

例如，很多用户都认为在线交易二手车模式是瓜子二手车开创的，其实并不是瓜子二手车开创的，而是人人车开创的。可是瓜子二手车抓住了这个时间窗口，在这个窗口中采取饱和攻击，大打广告。当人人车反应过来后，这个时间窗口已经被瓜子二手车堵住了，即瓜子二手车已经占据了用户的心智。

（3）采用了饱和攻击

当市场出现时间窗口后，用户会对一种事物产生新的认知，谁在这个时候采取了饱和攻击，谁就能占据用户心智的主导地位。

如饿了么。2015 年，饿了么主要做校园外卖，美团和百度则占据了主要的白领市场。当时人们对外卖的认知并不强，美团和百度也是靠自身流量来产生销量。饿了么趁这个时间窗口，投入9200万元的广告费用，打着“饿了别叫妈叫饿了么”的口号，进行了8周的饱和攻击。广告结束后，饿了么在2015年7月份的白领市场就以35.13%的比例排在网上订餐第一位。整个市场的反转只用了八周，饿了么当时的估值也超过了70亿美元。之所以出现这种反转，都是因为饿了么采取了饱和攻击。

（4）占据了心智优势

一个独角兽企业在初创之时，就以树立好在用户心目中的差异化价值占据了用户的心智。这个词一旦确定，企业就知道自己引领的核心是什么，战略资源的配置是什么，然后围绕这个词做系统的安排。

为什么说占据用户心智很重要？因为一旦占据，就很难改变。企业一旦有了心智优势，就不会陷入同质化的危机，更不用进入补贴战、价值战。而且，这个心智优势一旦设立了，就是其竞争对手不能说，也无法做的。就像中文搜索 = 百度，即时通讯 = 腾讯，电商平台 = 阿里巴巴，滴滴出行 = 专车一样。

2. 精准估值独角兽企业

估值就像一把双刃剑，独角兽企业高估值泡沫正在成为一个普遍现象。面对高估值，独角兽企业不是虎口拔牙，而是羊入虎口。正是如此，投资者对独角兽企业的股权投资，也从最初的狂热变成了现在的观望。那么，该如何对独角兽企业进行精准估值呢？可通过以下三个方面进行（见图6–14）。

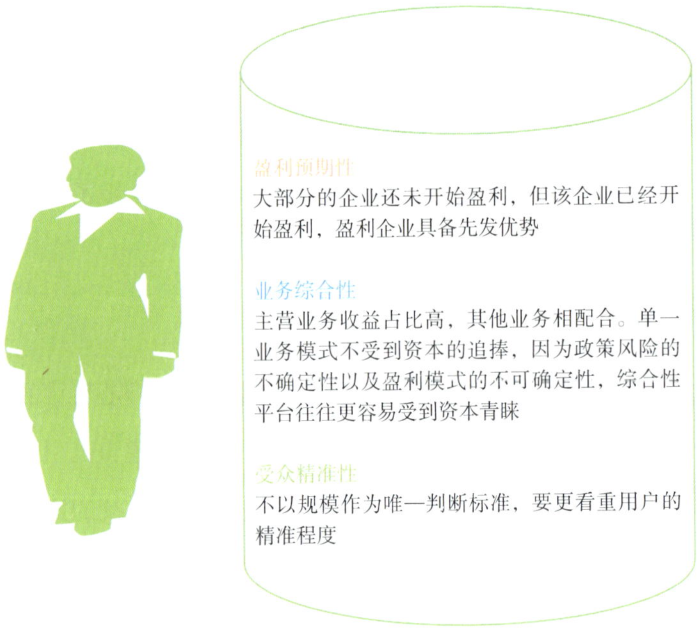

图 6–14　独角兽企业精准估值的三个要点

蚂蚁金服之所以能成为 2016 年的独角兽之王，估值高达 350 亿美元，股权持续被各大资本追捧投资，就是因为它的估值精准，具备了图 6–14 中的三个标准。

第一，盈利预期性。2016 年，蚂蚁金服的净利润接近 30 亿美元。

第二，业务综合性。蚂蚁金服的业务多种多样，不止包含了支付宝，还包括了基金、理财、保险、银行、征信等，这些综合性业务保证了其不会因一个业务出现问题而出现影响全局的问题。

第三，受众精准性。蚂蚁金服的受众多是互联网用户，对互联网金融有一定的了解，活跃度高，敢于投资，同时其还有支付宝的用户作为支撑。

第7章

股权投资：

资本有成本，钱不投出去就是负债

有人说人无股权不富。股权投资究竟有什么魅力，能让人做出这么高的评价？当年投资阿里巴巴的，1元原始股现在变成161422元；当年投资腾讯的，1元原始股现在变成14400元……所以，正确的股权投资行为是让人“一夜暴富”的关键所在。

7.1 股权投资是投资者的新宠

随着“大众创业、万众创新”的国家战略持续推进，股权市场即将全面爆发能量。2016 年股权投资市场募资总额为 1.15 万亿元，新募基金为 2191 支，投资总额达到了 6683 亿元，投资案例共 7859 笔。可见，股权融资已被越来越多的人接受，已然成为投资者的新宠。

1. 弄清股权投资的本质

什么是股权投资？通俗地讲是投资者通过投资获得未上市企业的股份。股权投资与其他投资方式一样，其本质都是投资机构或者个体户由于跨期偏好不同而产生的金融工具。譬如某位投资者希望在未来一段时间内获得更大的消费能力，并愿意为此承担风险，于是选择了股权投资的方式。股权投资之所以会出现，就是为了满足投资者此类的需求。

通常来说，股权投资属于中长期投资，涉及的金额相对较大，有相对宽广的获利空间，但是，与获利空间相对应的是高风险。股权投资者在成为股东后将面临股东需要承担的相应责任，这类责任与企业的经营状况有紧密联系。因此，投资者在选择股权投资之前，一定要先了解什么是股权投资，股权投资的风险自己是否能够承担。

2. 五大优势成投资宠儿

为什么股权投资能成为投资者的新宠，即使本身带着巨大风险，依然挡不住投资者对它的喜爱。因为相比于高风险，股权投资的优势更加明显（见图 7–1）。

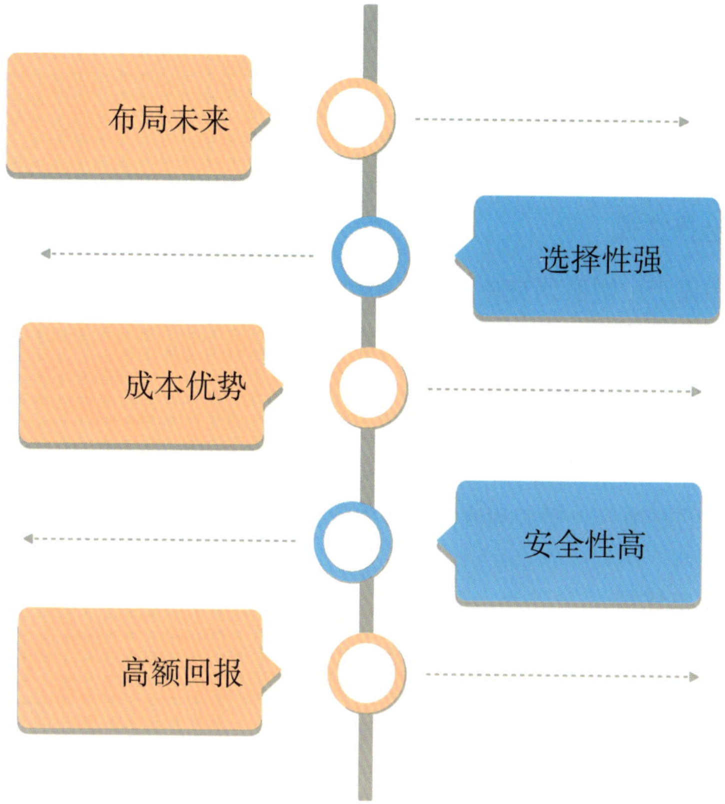

图 7-1 股权投资的五大优势

（1）布局未来

1990 ~ 2010 年，是日本失落的 20 年。期间，孙正义选择了中国，但是，他不是成为创业者与经营者，更不是投资交易所市场，而是投资了当时人人都当其疯了的马云。2000 年，他投资阿里巴巴 2000 万美元，到 2015 年阿里巴巴上市时，其市值达到了 599 亿美元，涨幅达 2900 倍，孙正义因此一跃成为日本首富。

孙正义之所以能获得成功，是因为他通过股权投资开创了“30年愿景”的新投资方式。也就是说，他看的不是现在的收益，而是看未来的布局。从当前寻找30年后、20后、10年后，甚至5年后最牛的公司进行股权投资，让自己获得未来的最佳布局。

（2）选择性强

相比于中国股票交易所的狭小范围，交易所之外的私募投资市场更为大众所追捧。在企业商事注册改革之后，中国每年都新增近千万家中小企业，投资者的选择空间更加广阔。特别是2015年，在国家政策“大众创业，万众创新”的鼓励下，有更多中小企业出现，其中不乏值得投资的好项目，譬如滴滴出行、大众美团网、饿了么、摩拜等。

（3）成本优势

交易所的运行机理是把企业在价值上进行标准化股份切割，以方便投资买卖股票，而投资者购买股票需要按照企业的整体价值甚至未来价值进行。企业上市过程需要大量的成本投入，因此，交易股票也必须按照结果进行支付，这必然导致投资的高成本。股权却不同，股权投资的本质是原始股，没有经过包装，也无需进行股份切割，更没有公开交易进行边际定价，从而使投资者的投资成本大大降低。

（4）安全性高

股票投资要随时关注、跟踪外部各种情况的变化。一旦出现垄断机制，其市值的损失是以万亿元为单位进行计算的。因此，作为投资个体，对这种外部情况变化导致的投资损失是很难承受的，更难以预防。

但是股权投资不同，只要确定了企业的市场潜力，对其做了充分的尽职调查，在一般情况下，投资者是很少受到损失的。所以，相比于股票投资，股权投资的安全性更高。

（5）高额回报

股权投资之所以会成为投资者的新宠，最关键的原因还是因为其“高收益、高回报”的优势。如孙正义投资阿里巴巴，获得 2900 倍的收益，一跃成为日本首富。

3. 股权投资价值实现阶段

投资者投资股权是为了盈利，既然如此就要对股权投资价值实现阶段有充分了解。业内对股权投资价值的实现，总结了以下四个阶段（见图 7–2）。

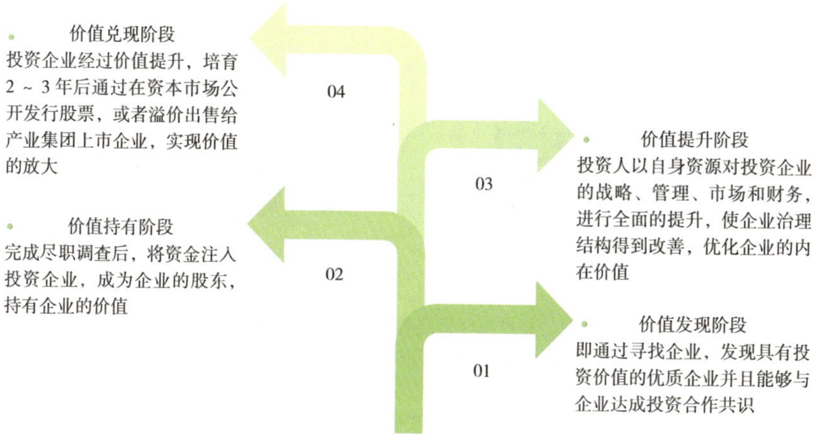

图 7–2　股权投资价值实现阶段

7.2 选择成长性企业进行投资，保障投资收益

从本质上来说，股权投资就是投资未来。因此，只有企业具有良好的成长性，投资者的投资收益才能得到保障。虽然投资行业有不少判断企业是否值得投资的标准，但是成长性始终是其不变的核心标准。

1. 不同的企业，成长性不同

考察被投资企业成长性的关键点是找到其持续增长的核心能力。企业核心能力的表现形式多样，如品牌、技术、管理、文化等方面都可以体现核心能力。因此，投资者在分析企业的成长性时，需要从企业类型上进行细分，不同的企业体现的核心能力是不同的（见图 7–3）。

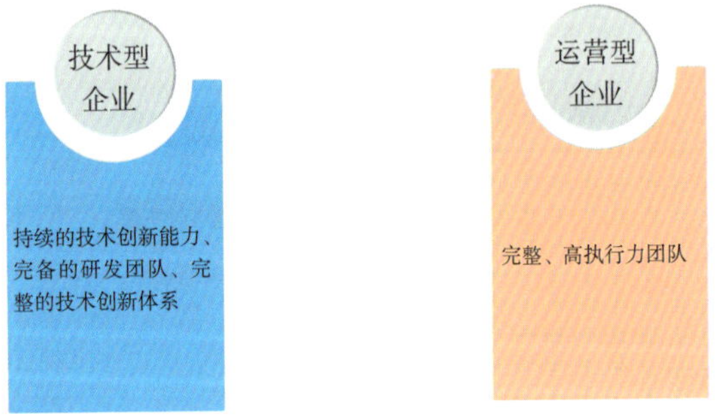

不管哪种类型的企业，其成长性最终都会体现在财务指标上。因此不要只看到专利技术、资产规模等片面数据就决定投资

图 7–3 判断企业成长性的关键点是财务指标

如 OPPO 手机属于技术型企业。如果投资者要对 OPPO 进行股权投资，那么就要看 OPPO 是否具备持续的创新能力，这一点可以从

OPPO 手机的迭代更新上做判断；还要看其是否拥有较好的研发团队与创新体系，这一点可以从 OPPO 手机的功能是否具备创新性来看。

如摩拜共享单车属于运营型企业。如果投资者要投资摩拜，那么就要看其是否有完整、高效执行的核心团队。从以胡玮玮、王晓峰为代表的团队来看，摩拜单车核心团队的执行力是非常高效的。

2. 四个方面判断企业成长性

股权投资其实就是布局未来，因此衡量企业的成长性，要看企业在未来可能具有的增长潜力。投资者可以从以下四个方面对企业的成长性进行判断（见图 7–4）。

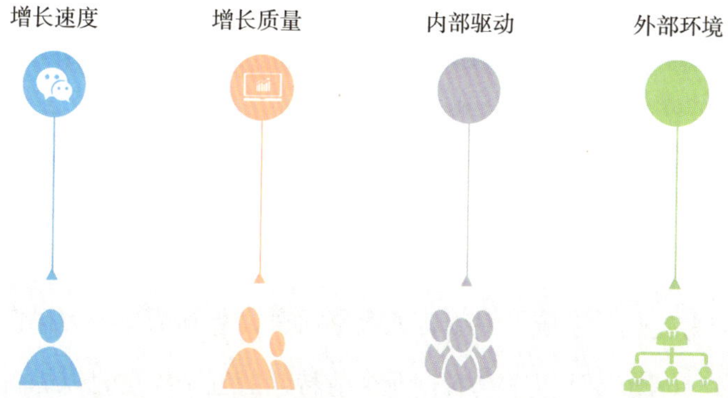

图 7–4　判断投资企业成长性的四个方面

譬如在 2016 年、2017 年，屡创融资记录的摩拜单车之所以能获得这么多投资者的青睐，就是因为它让投资者看到了它自身的成长性。

首先，从增长速度来看。摩拜单车于 2014 年开始筹备，截至 2017 年 5 月，摩拜单车新增注册用户达到 2400 万，月份活跃用户量环比增速超过了200%。速途研究院《2017年第一季度国内共享单车市场调研报告》显示，摩拜单车已占据共享单车市场将近60%的份额。从其增长速度看，摩拜单车确实具备了成长性。

其次，从增长质量来看。摩拜单车日订单量超过了2千万，骑行次数超过6亿次，这些数据足以证明摩拜用户使用单车的活跃度高。而高活跃度一直是企业具有成长性的重要特征。

再次，从内部驱动来看。摩拜单车之所以能获得如此高的增长速度，与其团队的高执行力分不开。摩拜单车除了不断加大广告力度，还利用红包活动加大用户吸引力，最为重要的是，摩拜单车与微信达成了合作。加入微信平台之后，微信的9亿用户为摩拜的发展注入了核心力量。

最后，从外部环境来看。虽然共享单车市场竞争激烈，但是国家政策的支持让摩拜单车保持持续的成长性得到了有效保障。

3. 五个维度判断企业成长性

要相对准确地判断一个企业的成长性，需要运用许多模型与维度，是一个较为复杂的系统。对于普通投资而言，与其费尽心力操作一个复杂的系统，不如关注以下具有创业企业特色的五个维度，以综合其他的判断依据（见图7-5）。

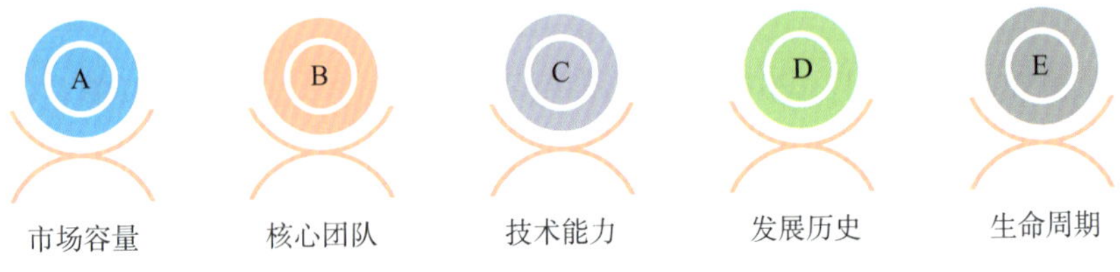

图7-5　判断企业成长性的五个维度

（1）维度一：市场容量

是指企业离天花板的距离还有多远。一般情况下，中小企业的主营业务都集中在某个细分行业。因此，投资者可以根据这个细分行业的市场规模、竞争情况来判断该企业什么时候会顶到天花板。距离越远，企业就越值得投资，反之亦然。

（2）维度二：核心团队

是根据人来判断该企业是否值得投资（这也是我们一再强调的）。投资者要看企业创始人的管理能力高低、是否具备企业家精神，要看核心团队的技术能力高度，还要看核心团队的稳定性程度。创业团队表现如何，对企业的成长性有致命影响。

（3）维度三：技术能力

技术能力不只是看企业创新投入的能力与研究开发的能力，还要看企业将技术商品化的能力，即把技术变成产品后，企业对产品的销售能力。

（4）维度四：发展历史

创新型企业表现的形态多种多样，很难找到可对比的企业作为参照物，对创新型企业进行价值衡量。因此对其自身发展历史的解读就尤为重要，解读被投资企业的发展历史，投资者要看被投资企业是否具有以下几个因素（见图7-6）。

（5）维度五：生命周期

被投资企业处于哪个生命周期，决定了投资者的投资收益。对处于成长阶段的企业进行投资，无疑能让投资者获得最高的回报。因此，投资者可以根据以下几点判断企业是否处于成长阶段（见图 7-7）。

图 7-6　对被投资企业进行历史解读需关注的点

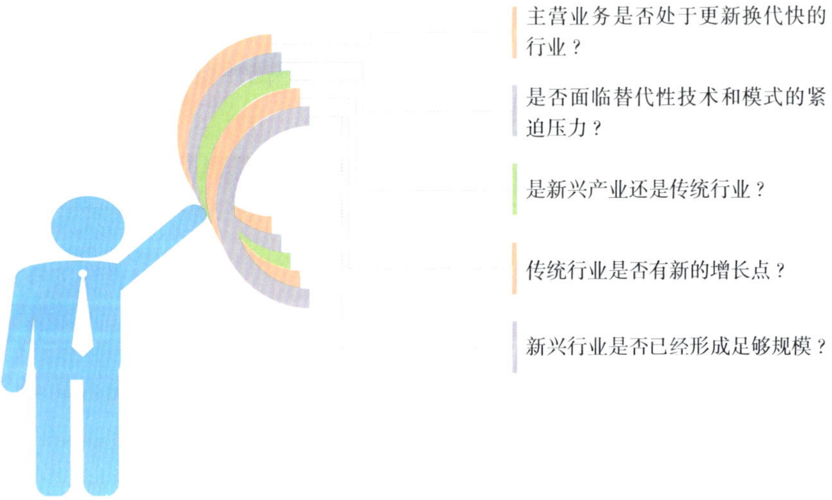

图 7-7　判断企业处于成长阶段的五个点

以摩拜单车为例，从上述五个维度来分析摩拜是否是因为具备了高成长性，才获得了诸多投资者的青睐。

维度一：从市场容量看中国人口有14亿，而且中国一直以来都是自行车大国，即使单车行业竞争激烈，但是与天花板还有很远的距离。所以，摩拜单车的潜在市场空间还非常庞大。

维度二：核心团队。这一点上文已有叙述。胡玮玮、徐晓峰这些核心团队成员都有非常高的专业素质，且能各司其职。

维度三：技术能力。摩拜单车属于运营型企业，而且自行车的制作与软件制作无需太高的技术。所以，这一点投资者无需担心。

维度四：发展历史。首先，摩拜单车的业务经过两年发展，已经成熟；其次，一小时一元的付费模式是属于可持续发展的盈利模式；再次，面对激烈的市场竞争，摩拜单车依然保持高增长，并与微信等大平台合作，主动寻找庇护，足见其市场反应灵敏；最后，通过几轮的融资，摩拜单车的治理结构已越来越完善。

维度五：生命周期。首先，摩拜单车不属于更新换代快的行业，因为自行车一直是国民选择的交通工具之一，且目前全球都在强调环保出行；其次，没有技术压力，但有模式压力，因为目前市场上有很多相同运营模式的共享单车品牌；最后，共享单车虽然是自行车，属于传统物品，但是其模式确实是互联网＋出行，因此属于新兴行业。

7.3 选择用辩证法进行投资，明确企业发展前景，把握投资力度

投资者要选择一个具有投资潜力的企业，不止需要根据一些原则、

依靠一些数据，也需要思考与探索一些方法论的东西，彼此佐证、相互结合、弥补各自的不足。如此，才能最大程度地选择到好的企业进行股权投资。辩证法无疑是一个非常好的选择。

唯物主义辩证法是哲学上的一个重要概念。辩证法包含了对现存事物的肯定理解，同时也包含了对现存事物的否定理解，即是对现存事物必然灭亡的理解。辩证法对每一种既成的形式都以运动的角度来理解，即从事物的暂时性去理解。辩证法不崇拜任何东西，按照本质来说，它是批判与革命的。

将之运用到对投资企业的选择中，是要投资者用批判与革命的眼光看待被投资企业，不要盲目崇拜投资企业提供的任何一样东西，譬如专利技术、各种奖状、各种用户数据。这些因素虽然也是选择投资企业的一部分，但不是全部，应综合对待。

辩证法有三个基本规律，投资者在选择投资企业时可以用这三条规律对其进行准确判断。

1. 对立统一

任何事物都具有两面性，都具有正反两个方面，都是矛盾的统一体。事物是在内外因的作用下发展的，内因是事物变化的根据，外因则是事物变化的条件。根据这条规则，投资者在选择投资企业时，就要找到它的内因与外因。投资企业的内外因包括以下几个方面（见图7–8）。

譬如投资者要投资一家新能源企业，那么就要先分析其内因是什么，是团队、技术还是其他，同时再了解外因给该企业带来的帮助。剔除这些因素后，再看这家企业是否还能保持增长，如果能，那么就证明这家企业的增长是来自于内因，即自身。同时，也代表了这家能源企业是值得投资的。

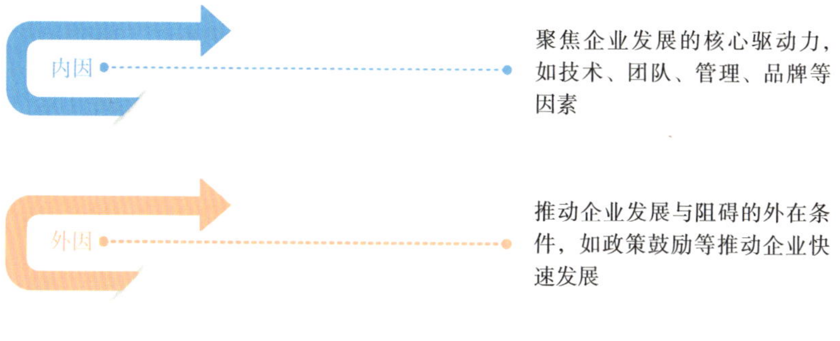

图 7-8 选择投资企业需考虑的内外因素

2. 质量互变

质量互变，它揭示事物、现象由于内部矛盾所引起的发展，是通过量变和质变的相互转化而实现的。量变是质变的基础，质变是量变的结果，两者相互依存、相互渗透、相互贯通。把质量互变运用在股权投资中，是指投资者要拿捏好其中的度。要辩证地看某些行业的冷与热，被市场冷落的行业是否真的不能投资？被市场追捧的企业是否又真的值得投资？投资者对此要进行深度思考。

如现在被称为独角兽的企业，这些独角兽企业都获得了高估值，投资者对这些企业疯狂追捧。可最后让投资者大失所望的，同样也是这些当初获得高估值的企业。

3. 否定之否定

事物的发展经过肯定——否定——否定之否定三个阶段，形成一个周期，否定之否定表明事物的发展是前进性与曲折性的统一。行业、企业的发展也是具有阶段性的，因此，投资者要明确其发展前景，了解其曲折只是一个必经过程。

如现在的共享单车，有不少人不看好这个行业，因为其盈利模式、单车毁坏严重问题都没有得到解决。因此，不少投资者打了退堂鼓。但是，也有不少企业看好它，认为这只是一个小曲折，就像在线打车行业一样，不用多久这些问题也能得到解决。

7.4 选择高资本回报率壁垒进行投资，获得高股权投资价值

经济护城河就是我们常说的壁垒。护城河从投资的角度来看，是长期竞争力，而不是短期的高成长。但是，投资者经常误判经济护城河的概念，有不少人认为优质的产品、庞大的市场占有率、高效的执行力、优秀的管理团队就能筑成一条最深、最宽的经济护城河。其实不然，这些因素很容易被对手复制甚至超越，无法保持长期的竞争优势。真正的经济护城河是指能够产生长期高资本回报率的壁垒。

1. 壁垒一：无形资产

无形资产主要包括三个方面。

（1）品牌

有些投资者认为企业有了品牌知名度，就能够让自己的企业在市场保持绝对的竞争优势，其实不然，比如索尼公司。品牌只有做到了以下两点时，才能够成为企业的经济护城河。（见图 7–9）

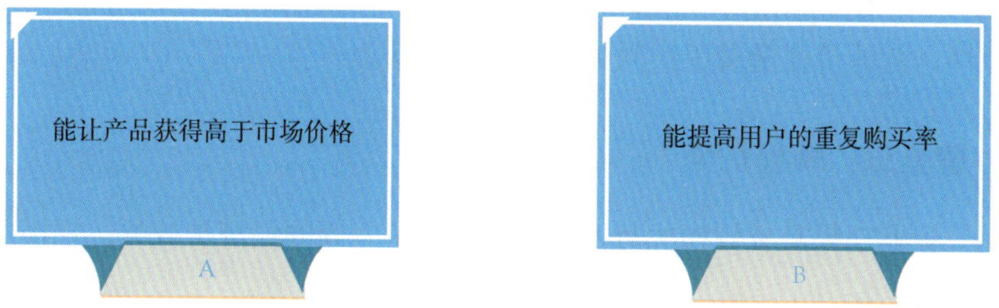

图 7-9 品牌需做到的两个方面

（2）专利保护

有不少投资者认为，一家企业如果有少数专利获利，就能拥有经济护城河。其实不然，一旦专利过期或者被诉讼，专利的获利能力就会大幅度下降，企业的经济护城河就会干涸。其实，评判一家企业能不能成为经济护城河，要看其是否有良好的创新记录，是否有多元化的专利产品线。

（3）政府垄断或许可

能垄断市场的企业不一定就代表拥有了经济护城河，因为这些企业产品的价格与利润通常都会受到政策的严格监管。如果企业能像垄断企业一样收费，但又不会像垄断企业一样受政府监管，就能够被列为投资对象。

2. 壁垒二：用户效应

用户效应是指企业的产品价值可以因为用户数量的增加而得到提高，用的人越多，越有竞争优势。这种具备用户效应的产品，是指信息类的产品，因为它是非独占性的，可以被无数人分享。

譬如现在的一些软件产品，就属于具有用户效应的产品。如微信、微博，它的价值随着用户数量的提升而提升。

3. 壁垒三：规模优势

企业如果具备规模优势，就等于拥有了坚固的经济护城河。规模优势具体包括以下三种（见图 7-10）。

01 配送规模

每多送一件物品，额外增加利润就越高；配送网络越大越密集，表示即使定价压的比竞争对手低，也享有较高的利润。就像是快递行业，一次运输的物品越多，得到的利润就越大

02 制造规模

企业的制造规模越大，需要的成本就越低，譬如付费电视，用户付费的越多，其购买电商内容的成本就越低，用户越多分摊得也就越多，当分摊完毕，就是企业自己的盈利

03 利基市场规模

是指小市场中的垄断者：市场小到只能容纳一家企业，大企业不屑于进入

图 7-10 规模优势的三大具体内容

7.5 选择最理想的投资策略，最大限度降低投资风险

在瞬息万变的投资市场，投资者需要承担非常高的风险，一不小心就可能血本无归，特别是那些经验尚浅的投资者，需要承担的风险更高。因此，掌握一定的投资技巧是非常必要的。

1. 圈地投资：把握趋势，选定领域

圈地投资是指在投资前先选定投资的范围，也有人称之为“赌赛

道”。在投资界圈地投资应属红杉资本运用得最好。从 2008 年开始，红杉资本看准了互联网在中国的巨大潜力，选定了电商、旅游出行、O2O 与垂直社区、互联网金融等与互联网相关的赛道，进行了近 200 次投资活动（见图 7-11）。

SEQUOIA　　红杉团队　发展动态　被投企业　…

选择　行业

圆心科技	圣牧	在家点点
在行＆分答	埃士工业	够快科技
大众点评	大姨吗	大搜车
大数金融	大疆创新	奕瑞影像
好乐买	好彩头	威高
安琪儿医疗	安科兴业	安能物流
宏梦卡通	容联云通讯	富途证券
小站教育	小雨伞保险	小麦公社
康大预诊	康盛新创	康盛生物

图 7-11　红杉资本投资的部分互联网企业

红杉资本通过对赛道的筛选，在电商、O2O 等炙手可热的互联网领域建立了强大的集群效应，并塑造了强大的品牌效应。大多数项目成功率高达 90% 以上。聚美优品、途牛、唯品会、京东商城等被投企业均已上市。

投资者如果没有投资经验，不如先学习红杉资本的圈地投资法，先划好范围，再投资。

2 合纵投资：找一个好伙伴

合纵，在战国时代是指六大诸侯国联合起来抗秦。合纵投资是指股权投资者联合其他投资者对一个项目进行投资。投资必定伴随着风险，投资者如果能找到一个好的伙伴进行联合投资，就能够降低投资风险。

关注投资行业动态的投资者可以发现，在投资界总有几个名字是紧紧相连的。如红杉 + 真格，梅花 + 安芙兰，梅花 + 青山，这些投资机构要么组团一起投资，要么一前一后相互接盘。譬如梅花与安芙兰就一起投资过以下这些企业（见图 7−12）。

项目	领域	时间
果酱直播	直播平台	2016 年 3 月
冻品互联	生鲜电商	2015 年 6 月
果加智能	智能硬件	2015 年 9 月
看娃娃	教育 APP	2015 年 7 月
房司令	房产金融	2015 年 7 月

图 7−12 梅花与安芙兰部分联合投资项目

这些著名的投资机构本身具有独立投资能力，但是他们仍然会选择联合投资，因为联合投资的优势非常明显。第一，有利于实现资源互补，促进后续项目成长；第二，有利于彼此间相互背书，增加信任感；第三，有利于分散投资风险。

因此，投资者可以选择与自己资源互补、彼此间了解，能够相互背书的投资者进行合纵投资，分散投资风险。

3. 分段投资：不同阶段，不同投资

通常情况下，企业的生命周期可以划分为：初创期、成长期、成熟

期、衰退期。投资者需要充分了解企业的生命周期，选择最具投资价值的阶段进行投资。一般来说，初创企业风险较大，投资者可以少投入一些；成长期，企业快速扩张，资金需求量大，盈利模式也已经出现雏形，投资者可以多投入一些；成熟期，如果企业的业绩还呈现高速增长，投资者也可以投资；衰退期，一般不建议投资。

如软银亚洲就采用了分段投资的方法，获得了巨额收益。2003 年 3 月，软银亚洲用 4000 万美元投资正处于成长期的盛大网络，成为当时中国互联网业最大规模的私募融资。2004 年 5 月 13 日，盛大网络在纳斯达克成功上市，2005 年 7 月软银亚洲成功从盛大网络退出，兑现 5.6 亿美元。从 4000 万美元到 5.6 亿美元，不到 3 年的时间，软银亚洲就获了高达 1400% 的回报。

4. 匹配投资：合适的才是最好的

匹配投资是指找到与自身最适合的企业进行投资。匹配投资策略要求投资者在投资时，要确定自己的优势能否匹配被投资企业。

比如投资者擅长的是市场拓展，而被投资者需要解决的是库存积压问题，那么投资者就可以利用自身的优势，帮助被投资企业打开市场，解决库存积压问题。

譬如 2011 年阿里巴巴入股美团，它的优势在于资源庞大，同时又有布局外卖 O2O 的需求；而美团则因为缺少资金以及市场拓展能力，急需向外界寻找合适的投资对象，其投资者不仅要为美团提供资金，还能给美团提供市场资源。正是双方的这种互需，促成了此次合作。

7.6 采用尽职调查了解被投资企业，投资安全有保障

什么最能保障股权投资的安全性？尽职调查。投资者只有做好对被投资企业的尽职调查工作，才能确定其中是否有隐藏的风险，才能最大程度地保证自己的安全。

尽职调查是指投资者在与目标企业达成初步合作并签订保密协议的情况下进驻企业，在中介机构的帮助下对被投资企业进行深入的了解评估。

1. 主体资格调查

被投资企业是否依法成立并合法存续，投资者需要关注其设立批准文件、营业执照、行业特殊证照、年检报告。

如天一科技投资贵州锑矿、铅锌矿失败就是因为没有对其主体资格进行调查。2007 年 1 月 19 日，天一科技向贵州一家锑矿企业与一家铅锌企业投资 8000 万元人民币；2007 年 6 月 19 日，锑矿的祥勘还未完成，按照这种进展速度，每年只能拿 1 万吨，与协议约定的一共 5 年采矿权证、开采不低于 20 吨的差距非常大；铅锌的情况更糟，祥勘、矿山建设、采矿权证都未如期完成。天一科技与对方多次交涉、追回投资未果，多种迹象表明对方企业可能涉及法律问题，天一科技遂报案处理。

2. 股权结构调查

投资者在对被投资企业的股权结构进行调查时，需要注意以下问题

（见图 7–13）。

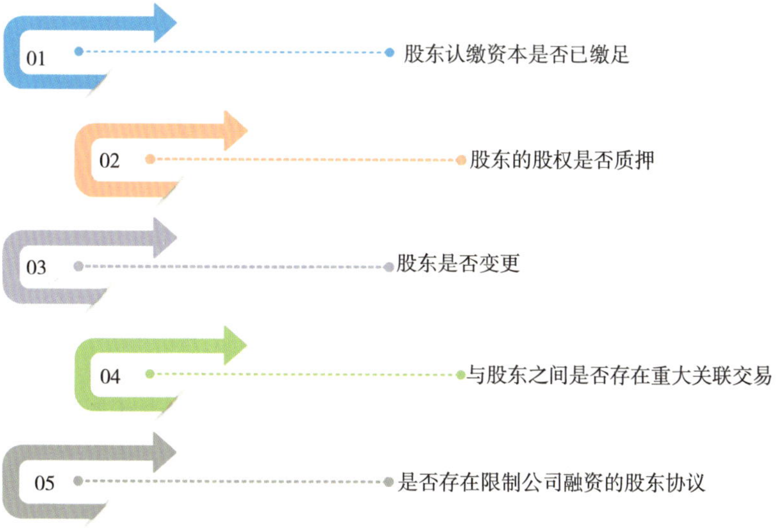

图 7–13 股权结构尽职调查需注意的五大问题

如弘毅投资巨石集团失败，其原因就是未做好股权结构尽职调查工作。总体而言，巨石集团的股权存在以下问题：巨石集团股权架构复杂，实际控制人与股权关系不一致；巨石集团与振石集团资产关系复杂，弘毅投资前其资产审计评估未完成；中国玻纤对巨石集团的定向增发换股未获得证监会的通过，导致弘毅无法退出。

3. 内部治理结构调查

对被投资企业的内部治理结构的调查主要包括以下三个方面（见图 7–14）。

1 治理结构是否建立，是否有效运转

2 企业成立以来的股东会决议 / 记录、董事会决议 / 记录

3 董事会、监事会、高级管理人员安排的合理性；董事、高管的重大人员变动

图 7-14 内部治理结构尽职调查的三大内容

4. 重大债权债务调查

重大债权、债务也是尽职调查的主要内容，其审查重点是了解被投资企业是否存在重大债权债务问题。具体内容包括以下四个方面（见图 7-15）。

将要或正在履行的重大合同
核查重大合同是否真实、有效，合同的履行是否存在法律障碍或重大法律风险，如有不能履约、违约及其他风险和纠纷事项，判断其对实施投资的影响

重大其他应收款、其他应付款
调查其他应收应付款、预收及预付账款产生的原因、具体内容、数额和业务背景，判断是否因正常的生产经营活动发生，相关交易协议是否合法有效，以及是否存在潜在纠纷或其他重大法律风险

与关联方之间的重大债权债务关系
调查与关联方之间的债权债务关系及相互担保情况，核查是否存在关联方以借款、代偿债务、代垫款项或其他方式占用拟投企业资产或资金的情况，是否存在违规资金拆借或委托理财的情况

重大侵权债务
了解是否存在因环境保护、知识产权、产品质量、劳动安全、人身权等原因产生的重大侵权债务。如有，需调查侵权之债的形成原因及进展情况，是否已经赔付，判断侵权之债对实施投资的影响

图 7-15 重大债权债务尽职调查的四个方面

5. 关联交易调查

投资方在调查被投资企业的关联交易问题时，需考虑到以下两个

方面。

（1）关联方与关联关系

《公司法》与《企业会计准则》规定：确认被投资企业的关联方及其关联关系，需对包含董事、监事、高级管理人员、核心技术人员以及主要管理方或持有 5% 股权以上的股东进行调查，看其是否存在以下几种情况（见图 7–16）。

图 7–16 关联方与关联关系尽职调查的五大内容

（2）关联交易情况

调查被投资企业经常性与偶发性关联交易的情况，以及关联交易的内容、数量、金额在相关业务中的比例，对其真实性与公允性进行调查判断。对于缺乏商业理由、实质与形式不符、价格、条件、形式等存在明显异常的交易，做重点调查。

6. 同业竞争调查

同业竞争的尽职调查内容主要包括被投资企业与关联方是否经营相同或类似产品，如有，则需要核查在细分市场、业务性质、客户对象、市场区域、产品的可替代性等方面与被投资企业是否存在明显的关联，实事求是地判断被投资企业与关联方之间是否存在同业竞争的情况。

7. 主要资产调查

对被投资企业主要资产尽职调查的具体对象包括房产、土地使用权、专利以及非专利技术、商标、主要生产经营设备、对外投资、境外主要资产、租赁资产情况。确认这些资产的合法性、合规性，以及是否存在法律纠纷。

8. 财务指标调查

投资者投资企业的最终目的是让其尽快改制上市，因此需要对财务指标进行重点调查。财务指标主要包括营业收入、营业利润、净利润、增长率。在调查四个指标的基础上，投资者还要重点关注六个数据（见图 7–17）。

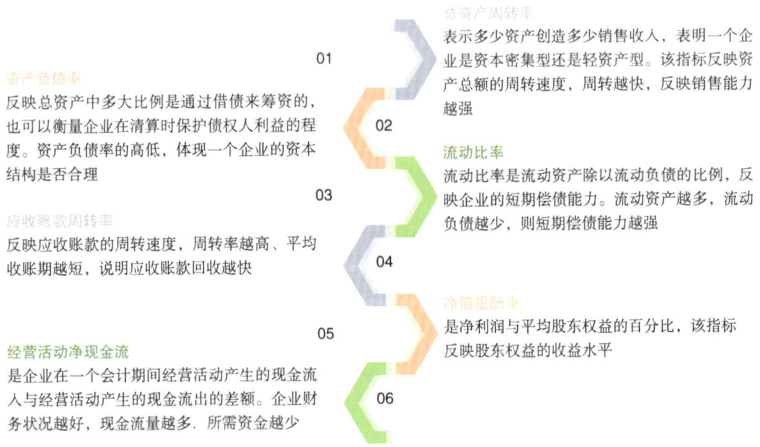

图 7–17 财务指标需重点关注的六个具体数据

除了以上八项内容，投资方还可以根据自身需要对被投资企业的其他方面进行调查，如税收情况、人力资源情况、股权激励情况。

第8章

股权上市：

IPO后，诞生的不只是百亿富豪

企业上市是一个“内外兼修”的过程，不但能使企业的股权价格成倍增长，让企业获得发展所需的资金，获得更高的社会声誉；更能完善法人治理结构，提升企业管理水平，规范企业运营流程，促进企业长远发展。

8.1 改造股份，合法合规才能上市

从企业的组织形式来看，企业可以分为有限责任公司与股份有限责任公司。只有股份有限责任公司才能够上市。所以，企业如果想要上市，第一步就要对企业的股份进行改造。

1. 设立方法：发起与募集

《公司法》第七十八条规定，股份有限公司的设立可以采取两种方式：一是发起设立；二是募集设立。两者的区别在于设立时股份募集的范围不同。前者是指只有发起人认购企业发行的全部股份；后者则是指由发起人认购拟设立股份公司应发行股份的其中一部分，剩余部分则是通过向社会公众公开募集或者向特定对象募集。

我国《公司法》第九十三条规定见图 8-1。

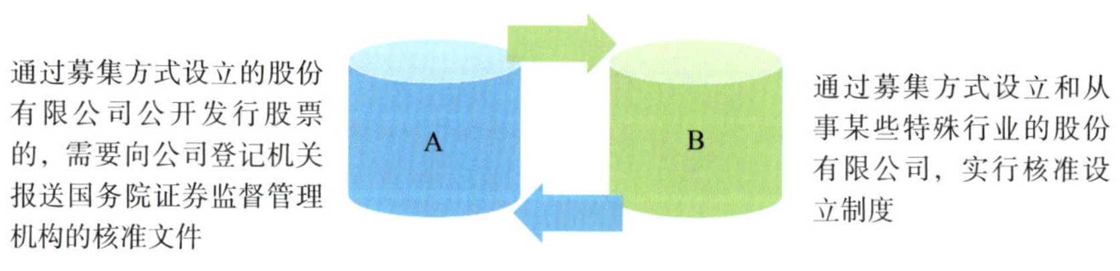

图 8-1 《公司法》第九十三条规定内容

2. 设立条件：七大要求，缺一不可

《公司法》对股份有限公司与有限责任公司的设立条件要求有所不同。股份公司设立的一般条件主要包括以下几个方面（见图 8-2）。

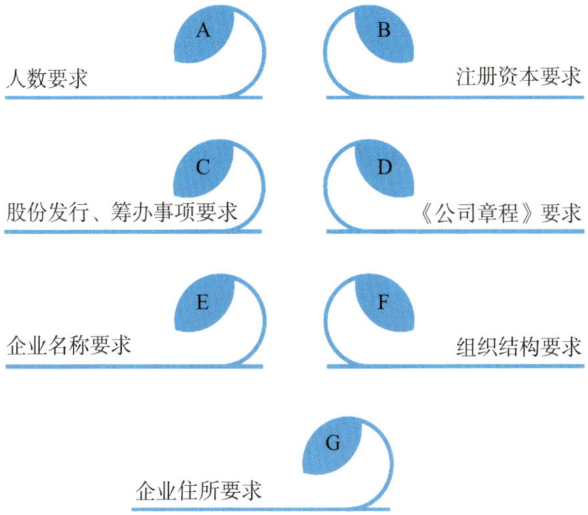

图 8-2　股份有限公司设立的七大条件

（1）人数要求

《公司法》第七十八条规定：设立股份有限公司，应有 2 人以上 200 人以下发起人，其中半数发起人需在中国境内有住所。

（2）注册资本要求

对于采取设立方式的，注册资本为在公司登记机关登记的全体发起人认购的股份总额。法律、行政法规定以及国务院决定对股份有限公司注册资本实缴、注册资本最低限额另有规定的，从其规定。

（3）股份发行、筹办事项要求

企业的股份发行、筹办事项必须符合法律规定。发起人必须根据法律规定报送文件，承担公司的筹办事项。

（4）《公司章程》要求

发起人必须根据相关法律规定制定《公司章程》，对企业、股东、董事、监事、高级管理人员形成约束。

（5）企业名称要求

按照相关法律要求制定企业名称，其要求包括：含有与其他民事主体相区别的标记；含有所在地行政区划名称；含有商号、行业或者经营特点与企业类型。

（6）组织结构要求

股份有限公司需建立股东大会、董事会、经理以及监事会等组织结构。

（7）企业住所要求

企业住所需在主要办事机构所在地，登记的公司住所只能有一个。

3. 设立程序：按流程走程序

发起设立与募集设立对其股份公司设立的程序有着不同的要求。

（1）发起设立的程序

步骤一：签订发起人协议，确定发起人，并制定《公司章程》。在发起人协议中明确每个法人在企业设立过程中所具备的权利以及所需要承担的责任。《公司章程》中必须载明《公司法》要求载明的事项。

步骤二：发起人认购企业股份。发起人缴纳股款出资，发起人分期缴纳出资的，全体发起人首次出资额需达到注册资本的 20%（投资机构除外），但需在 5 年内补足。发起人一次性缴纳出资的，需一次缴纳全部股款；分期缴纳则需缴足首期出资款。

步骤三：建立企业机关。发起人首次缴纳认购股款，履行出资义务之后，需以选举的形式成立董事会、监事会，同时设立企业机关。

步骤四：办理设立等登记。登记获得营业执照后，股份有限公司即设立完毕。

（2）募集设立的程序

步骤一：发起人缴纳股款、出资。发起人认购的股份不能少于企业总股份的35%。法律、法规有另外规定的，应从其规定。

步骤二：向社会公开募集股份。企业向社会公众或特定对象募集股份的，必须经过国务院证券监督管理机构审核。发起人在办理募集审核的过程中，需向国务院证券监督管理机构提交募股申请书，同时报送相关文件。

步骤三：审核决定。企业提交申请书后，相关机构会对募股申请以及相关文件进行审核，并做出是否给予通过决定。

步骤四：召开创立大会。采用募集设立方式的，自缴足股款之日起30日内，发起人应当支持召开企业创立大会。创立大会应有代表股份总数超过半数的发起人才可举行。

8.2 选对上市时机，获得更高市盈率

投资者如果想让自己手中的股权在上市后有更高的价值，必须为企业选择一个恰当的上市时机。股票市场波动幅度大，不同的时间点，投资者的偏好不同，企业股票受青睐的程度也有所不同，所以同一个企业股票的价格在不同的时间点也会有差别。只有选对上市时机，才能获得

更高市盈率。

1. 选择宏观经济乐观时上市

宏观经济形式对企业上市时间点的选择有极大的影响。一般情况下，市场经济扩张代表上市企业数量的增加，同时也代表着企业对资本需求的增加。所以，如果宏观经济形势乐观，企业上市成功的几率高，也能获得更高的市盈率，其股权持有者就能获得更高的回报。

因此，企业应该尽量避免在股市低迷或者刚恢复时上市，这个时期的投资者一般都采取观望态度，不会轻易购买股票，所以承销商给企业的股票价格也不会很高。

例如，2000 年 4 月，新浪在美国高科技股市纳斯达克上市时，共发行了 400 万股股票，每股发行价为 17 美元，融资 6800 万美元。

有不少专业人士表示，新浪如果换个时间点上市，其股票价格能更高。因为在新浪上市时，该股市正面临着重大调整。2000 年 3 月 10 日创下 5048 点的收盘记录，下跌率达到 31%。股市低迷情况严重，甚至掀起了抛售风潮。所以，新浪选择在这个时间点上市，其股票价格肯定不会乐观。

2. 选择企业最高估值时上市

企业选择在最高估值时上市是最好的上市时机。从金融行为原理的角度看，二级市场的高估价通常都是投资者情绪高涨所致。此时企业如果选择上市，不但能获得承销商对股票的高定价，赢得投资者追捧，还能降低企业投资成本，一举两得。

比如中国的快递企业在 2016 年扎推上市，投资者对于快递企业上市的新闻已经从最初的新鲜到最后的屡见不鲜。可是，韵达快递却在此时得到投资者的空前关注。究其原因，是因为韵达快递选择在自己获得了180多亿元高估值时上市。韵达上市后，不管是股票价格还是销售情况都有不俗的表现。

3. 选择在成长期上市

企业的股票能从资本市场获得多高的定价，融得多少资金，与企业自身价值有很大关系。一般来说，处于成长期的企业是最有价值的。不少专业人士认为，企业的成长速度达到最高点的50%～60%时是上市的最佳时机。低于这个数值的，代表企业还未进入成长期，或是基础不够牢固，企业的价值未能得到最大体现，并存在一定的风险。如果高于这个数值，则代表企业进入了成熟期或是停滞期，企业的股权、股票没有了溢价空间，因此，也不是上市的最佳时间点。

8.3 选对上市地点，境内外估值两重天

境内和境外对于同一家企业股票价值的判断是完全不同的，有些企业在境内可以得到高估值，获得高融资，但是到了境外也许连上市都很困难；有些企业在境内无法达到上市标准，但是到了境外，不但能够上市，还能获得高额融资。可见，上市地点的选择对于企业股票公开发行是非常重要的。

1. 按估值水平选择上市地点

估值水平的高低直接决定了企业上市的融资额，因此，企业要分析

境内外市场的估值水平，然后再考虑是在境内上市，还是在境外上市。

(1) 企业规模决定海内外估值差距

一般来说，企业的规模越大，境内外估值的差距越小。对于大部分蓝筹企业，境外市场能给予更高的估值。对于规模相对较小的企业，境内 A 股市场的整体估值水平偏高于境外市场。这是境内外的资金环境、监管环境、投资者构成因素不同所造成的。在短期内，这一情况不会发生改变。

(2) 行业性质决定境内外估值差距

境外市场能给予新兴行业的企业较高的估值。例如，香港市场，互联网、高科技、新能源、医药等行业的企业都获得了较高的估值。

2. 按上市成本选择上市地点

拟上市企业可以根据境内、境外市场上市成本的高低，决定上市地点。主要可以从以下三个角度判断上市成本的高低（见图 8–3）。

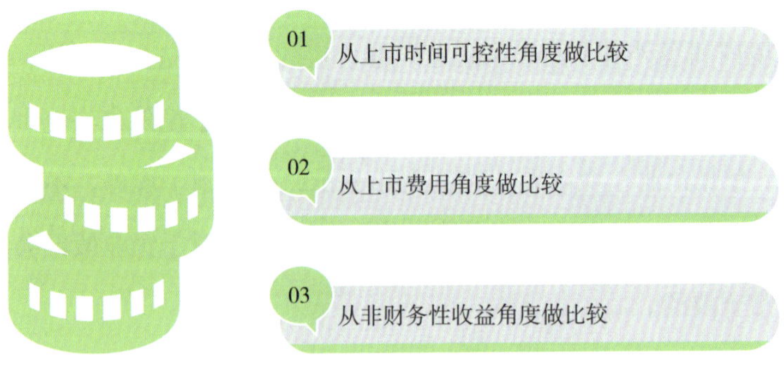

8–3　境内外上市的三大比较角度

（1）从上市时间可控性角度做比较

从上市时间的可控性角度来看，境外市场的优势非常明显。境外市场的三大优势可以大大缩短企业的上市时间（见图8-4）。通常来说，如果自身不存在特殊重组的情况，在境外市场上市，只需6～9个月。

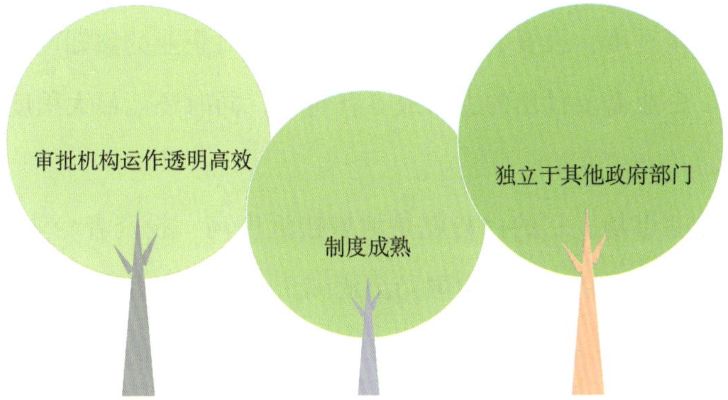

图8-4　境外市场的三大优势

企业如果选择在境内A股上市，其间需要经历股改、辅导、审批、排队上市等多道程序，过程漫长、手续复杂，一般需要1～2年。此外，审批机构经常会根据宏观政策对市场情况，对新股发行的速度加以控制，会拉长企业上市的时间。例如，2015年境内IPO暂缓，就拉长了不少企业的上市时间。上市时间越长，企业需要付出的上市成本就越多，会对企业重大业务发展造成严重影响。

（2）从上市费用角度做比较

关于上市费用，境内外各个资本市场建立并维护上市企业的费用不会存在太大的差异。其中最大的费用差异来自于上市的后续成本，即监管合规与报告要求。比如香港市场对上市企业的高管层与董事会的法律义务与深圳 A 股不同，因此承担的监管合规与报告成本也有所不同，投资者对于香港法律与监管架构提供的保护水平比较信任。

（3）从非财务性收益角度做比较

如果企业无法从上市时间、上市费用做出比较，那么就可以从非财务性收益角度对境内外市场进行比较。其包括境内外市场的便利通道、地域接近度、投资者专业水平、投资者对企业的熟知度，这些因素越高，企业需要付出的上市成本就越低，同时还能最大程度地获得融资额。

如香港市场。它的优势就是地域接近度高、投资者专业水平高。香港市场聚集了诸多了解中国乃至亚洲企业的投资者群体，这类投资者对于中国企业能做出准确判断。因此，内地有不少企业都会赴香港上市。

如 2011 年 6 月，Prada（意大利奢侈品牌）选择在香港上市，目标融资额为 21 亿美元。为什么 Prada 会选择到香港上市？原因是在 2010 年 Prada1/3 的销售额来自于（不包括日本）亚洲，其中，中国的销售额占据了绝大部分。同时，根据 Prada 预测，到 2015 年，中国市场将占奢侈品需求的 1/5，占据需求增长的主要部分。

因为这个因素，Prada 认为中国投资者对于自身有一定的熟知度。如此，可以有效降低上市的宣传费用。所以选择在既融合了国外资本市场优点又与中国内地有极大关系的香港上市。

中国企业也可以参照 Prada 的方式，根据自身的业务分布点以及投资者对于自身的熟悉度，选择上市地点，有效降低企业的上市成本，获得最大融资额。

3. 从企业自身角度选择上市地点

除了从上述两点选择上市地点外，企业也可以根据自身情况来决定是在境内上市，还是在境外上市。可以从三个方面做出判断（见图8–5）。

图 8–5 企业自身三大因素

（1）从业务规模角度判断

从业务规模角度来看，处于传统行业，且规模较小的企业应该尽量选择境内的创业板或新三板上市。因为，境外的投资者通常认为，处于传统行业的中小企业很难有大的发展机会，所以估值一般偏低，股票的流通性也会产生很大的问题。

（2）从行业性质角度判断

如果企业存在以下三种情况，就可以选择从境外资本市场上市（见图8–6）。

图 8-6　可在境外资本市场上市的三种情况

（3）从未来策略角度判断

从未来策略角度来看，如果企业的未来战略规模包含了境外市场，那么就可以选择在境外市场上市。因为，在境外市场上市可以使企业在国际上有一定的知名度，也能给未来发生的集资与并购带来一定的便利性。

如 2014 年，有不少在境外有业务或者准备在境外发展业务的企业，选择了在美国上市。

2014 年，中国公司掀起到美国上市的热潮，截至 2015 年 9 月份共计有 12 家公司在美国成功上市：

2014 年 9 月 19 日晚，阿里巴巴，美国纽约证券交易所挂牌上市。

2014 年 8 月 7 日，创梦天地，美国纳斯达克证券交易所正式挂牌上市。

2014 年 6 月 24 日，迅雷，美国纳斯达克证券交易所挂牌上市。

2014 年 6 月 13 日，智联招聘，美国纽约证券交易所挂牌上市。

2014 年 5 月 20 日，京东，美国纳斯达克证券交易所挂牌上市。

2014年5月17日，聚美优品，美国纽约证券交易所挂牌上市。

2014年5月9日，途牛网，美国纳斯达克证券交易所挂牌上市。

2014年5月8日，猎豹移动，美国纽约证券交易所挂牌上市。

2014年4月17日，新浪微博，美国纳斯达克证券交易所挂牌上市。

2014年4月17日，新浪乐居，美国纽约证券交易所挂牌上市。

2014年4月10日，爱康国宾，美国纳斯达克证券交易所挂牌上市。

2014年4月3日，达内科技，美国纳斯达克证券交易所挂牌上市。

8.4 选对上市板块，获得更大融资额

选择主板、中小板、还是创业板上市，不同的板块对于主营业务、财务指标、上市环节以及监管都有不同的要求，企业应该根据自身情况选择上市板块。

1. 根据主营业务选择上市板块

处于成长型、创业型、高科技的中小企业比较适合创业板市场。近几年，创业板对于主营业务有以下特点的企业比较偏爱：一是主营业务属于新能源、新材料、生物医药、电子信息、环保节能等领域的企业；二是主营业务属于技术创新型较强的企业；三是主营业务排名靠前、市场占有率较高的企业。

主板对于拟上市企业的主营业务并没有特别的要求，主营业务属于人和行业类型的企业都可以在主板申请上市，只需符合其条件即可。

新三板与创业板一样，都比较喜欢主营业务属于新能源、新科技、

高成长、环保型的企业。

2. 根据财务指标选择上市板块

每个上市板块，对于企业财务指标的要求都不一样，企业可以根据自身财务情况选择上市板块。

（1）主板

主板对财务指标的要求较高，达到以下条件的企业，才能在主板上市（见图 8–7）。

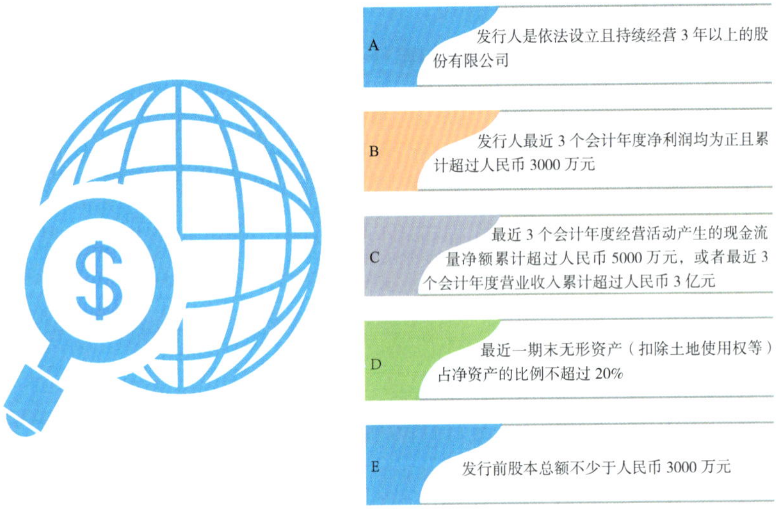

图 8–7　主板上市的财务要求

（2）创业板

创业板更偏向于企业的成长性与连续盈利性，企业需达到以下几点要求，才能在创业板上市（见图 8–8）。

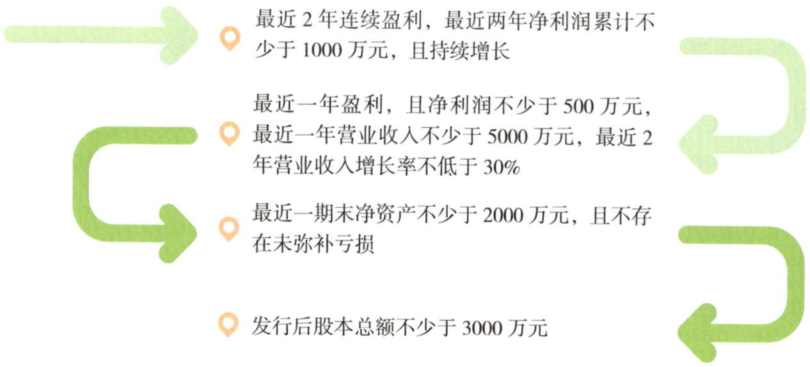

图8-8　主板上市的财务要求

（3）中小板

中小板对于拟上市企业财务指，如利润率、营业收入、现金流并没有硬性指标要求，只要求主营业务明确，挂牌前总股本不低于500万股。

3. 根据过会率选择上市板块

过会率是指该板块企业的上市成功率，过会率的高低对于拟上市企业上市板块的选择也有极大的影响。相对来说，创业板的过会率比主板、中小板高。由于创业板具有相对高于中小板、主板的过会率，所以符合相关规定的企业也比较趋向于在创业板上市。

8.5 选对上市形式，适合的才是正确的

企业上市的形式通常有三种，分别是IPO、造壳上市、买壳上市。企业需根据自身的情况，选择最适合的上市方式。

1.IPO 上市

IPO 是企业上市的首选，是指一家股份有限公司第一次将它的股份向公众出售。一般情况下，上市企业的股份是根据相应证券机构出具的招股书或登记声明中约定的条款通过经纪商进行销售。一旦上市成功，该企业就可以申请到证券交易所挂牌交易。

(1) 确定 IPO 参与者

拟上市企业在上市前，先要把参与上市的角色确定下来，如此才能知道哪些角色负责哪些工作，让上市工作得以有条不紊地进行。在 IPO 中扮演重要角色的通常有以下几类。

企业及其董事：准备及修订盈利和现金流量预测、批准招股书、签署承销协议、路演。

保荐人：安排时间表、协调顾问工作、准备招股书草稿和上市申请、建议股票定价。

申报会计师：完成审计业务、准备会计师报告、复核盈利及营运资金预测。

企业律师：安排企业重组、复核相关法律确认书、确定承销协议。

保荐人律师：考虑企业组织结构、审核招股书、编制承销协议。

证券交易所：审核上市申请和招股说明书、举行听证会。

股票过户登记处：拟制股票和还款支票、大量印制股票。

印刷者和翻译者：起草和翻译上市材料、大量印刷上市文件。

(2) IPO 的审核流程

按照依法行政、公开透明、集体决策、分工制衡的要求，IPO 的审核流程具体包括以下 10 个环节（见图 8-9）。这些环节分别由不同的机构负责，彼此间相互配合、相互制约。

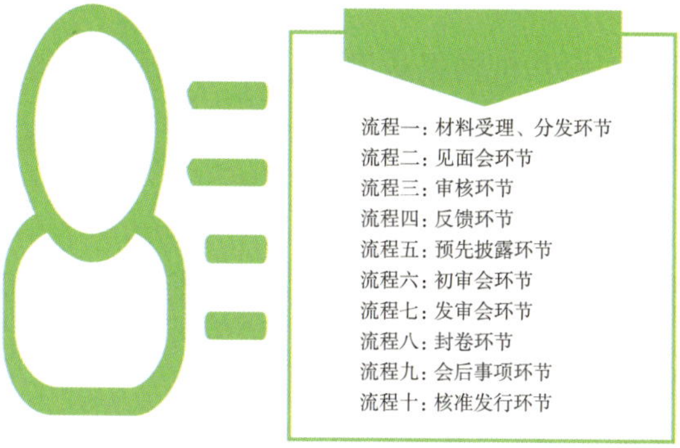

图 8-9　IPO 的十大审核流程

流程一：材料受理、分发环节。中国证监会受理部门根据相关规定，依法受理首发申请文件，并按照程序转发行监管部门。发行监管部门综合处收到申请文件后，分发审核一、二处，同时送国家发改委征求意见。审核人员根据发行人的行业特性、公务回避的相关要求以及审核人员的工作量等因素确定具体负责审核工作的人员。

流程二：见面会环节。该环节的目的是让发行人与发行监管部达成初步沟通。会上，发行人需向对方做简要介绍，发行监管部门则向发行人介绍上市的相关要求。

流程三：审核环节。该环节的目的是督促、提醒保荐机构做好尽职调查工作。

流程四：反馈环节。审核人员审阅申请文件完毕，会根据非财务与财务两个角度撰写审核报告，然后提交反馈会讨论。反馈会主要讨论初步审核中关注的主要问题，确定哪些部门是需要发行人补充披露、解释说明或进一步核查落实的。发行人与中介机构收到反馈后，对反馈内容进行回复，并与审核部门进行沟通。

流程五：预先披露环节。反馈意见落实完毕，国家发改委等相关政府部门意见齐备、财务资料未过有效期的将安排预先披露。具备条件的项目由综合处通知保荐机构报送发审会材料与预先披露的招股说明书（申报稿）。发行监管部收到相关材料后安排预先披露，并按受理顺序安排初审会。

流程六：初审会环节。由初审人员汇报发行人基本情况以及初步审核中发现的主要问题与落实情况。

流程七：发审会环节。发审会以投票方式对首发申请进行表决，提出审核意见。会议由 7 名委员参与，独立进行表决，获得 5 票方可通过。

流程八：封卷环节。首发申请通过后，需要进行封卷工作，即将申请文件原件重新归类后存档备查。

流程九：会后事项环节。是指发行人首发申请通过发审会审核后，招股说明书刊登前发生的可能影响发行及对投资者做出投资决策有重大影响的应予披露的事项需履行会后事项程序的，综合处接收相关材料后转审核一处、审核二处。审核人员按要求及时提出处理意见。按照会后事项相关规定需要重新提交发审会审核的需要履行内部工作程序。

流程十：核准发行环节。封卷并履行内部程序后，将进行核准批文的下发工作。

2. 造壳上市

造壳上市是指公司在境外百慕大、开曼、库克群岛、英属处女群岛等地注册公司（或收购当地已经存续的公司），用以控股境内资产，而境内则成立相应的外商控股公司，并将相应比例的权益及利润并入境外公司，以达到上市目的。

（1）造壳上市的优势

企业之所以选择造壳上市，主要是因为其有以下几种优势（见图8–10）。

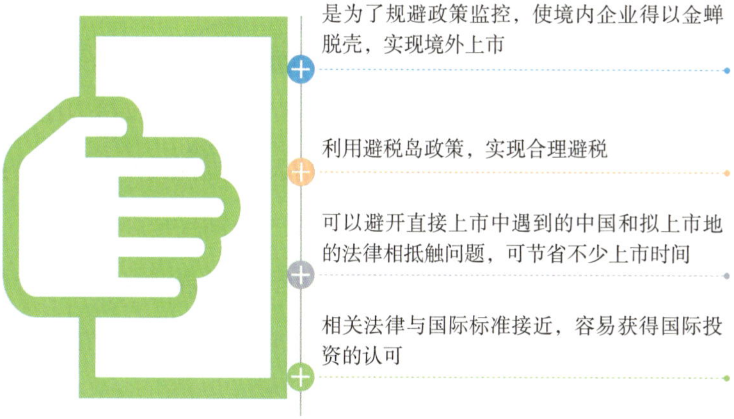

图8–10 造壳上市的四大优势

（2）造壳上市的分类

造壳上市按照境内企业与境外企业不同的关联方式，可以分为以下四种类型（见图8–11）。

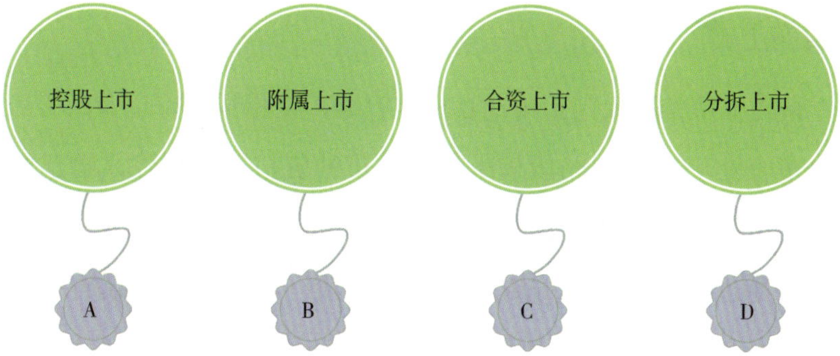

图8–11 造壳上市的四大类型

类型一：控股上市。是指国内企业在境外注册一家新企业，然后由新企业对国内企业进行控股，再以境外控股企业的名义在境外申请上市，最后达到国内企业在境外间接上市的目的，也可称为反向收购上市。广西玉柴集团就是通过这种方式上市的。

类型二：附属上市。指国内拟上市企业在境外注册一家附属机构，与国内企业形成母子关系，然后将境内资产、业务或分支机构注入境外附属机构，再由该附属企业申请境外挂牌上市。国内民办大型高科技企业四通集团就是采用这种方式达到在香港联交所间接挂牌的目的。

类型三：合资上市。该类型的造壳上市比较适合国内的中外合资企业，一般是由合资的外方在境外的控股企业申请上市。易初中国摩托有限公司在美国上市就采用了这种方式。

类型四：分拆上市。该类型的造壳上市方式比较适合跨国企业，或者在境外设有分支机构的企业。它是指从现有的境外企业中分拆出一个子公司，然后注入国内资产分拆上市。如此，就可依靠母公司的声誉与实力，顺利上市。比如国内富益工程就采取分拆上市的方式在澳大利亚上市。

3. 买壳上市

买壳上市也称后门上市或者逆向收购，是指拟上市企业购买一家已上市企业一定比例的股权来获取上市的资格，然后注入自己的有关业务与资产，达到间接上市的目的。目前，在中国进行买壳上市一般都是通过二级市场购并或者通过国家股、法人股的协议转让进行的。例如：上海冠生园受让上海轻工控股 53.23% 的国家股股权；海南泛华和深圳创世纪先后成为苏三山的第一大股东；山东兰陵控股环宇

51.9% 的股份等。

（1）买壳上市的两个工作阶段

第一阶段：收购壳公司公布之前的工作，主要内容是收购大股东股份。所需时间没有硬性规定，视双方谈判进度与收购者尽职调查的深入程度与进度而定。

第二阶段：收购壳公司公布后的工作，主要内容是向其他股东提出全面收购，需要按照收购与合并守则指定的时间表进行。

（2）收购壳公司的技巧

企业在决定买壳上市之前，需根据自身情况做出全面考虑，权衡利弊，做好充分的准备（见图 8-12）。

01 充分调查，准确判断目标企业的真实价值，在收购前一定要从多方面、多角度了解壳公司

02 充分重视传统体制造成的国有企业特殊的债务及表面事项，考虑在收购后企业进行重组的难度

03 充分重视上市企业原有的内部管理制度和管理架构，评估收购后拟采取什么样的方式整合管理制度，以及管理架构可能遇到的阻力和推行成本

04 充分考虑买壳方与壳公司的企业文化冲突及其影响程度，考虑选壳、买壳及买壳上市后存在的风险

图 8-12　买壳上市前需考虑的四个问题

第9章

股权控制：

将“野蛮人”挡在门外

马云仅持有阿里巴巴 7.8% 的股权，但就是这区区 7.8% 的股权，既没阻碍他牢牢控制阿里巴巴，也没有阻碍他一度成为中国首富，更没阻碍他轻松抵御了门外各种各样的“野蛮人”。马云之所以能做到这样，就是因为他掌握了股权控制的技巧。

9.1 控制企业先从控制股权开始

什么是创始人最害怕又极有可能发生的事情？答案是失去对企业的控制权。如何避免创始人失去对企业的控制权呢？要先从股权控制开始。股权控制分为三个层面，一是股权层面的控制权；二是董事会层面的控制权；三是企业经营管理的实际控制权。

1. 股权层面的控制权

著名天使投资人徐小平说："如果创业者一开始就把股权让出 60%，再伟大的企业也做不下去；认为创业者只要把事情做起来，股份多少并不重要的想法是错误的，凡是不以股份为目的创业都是要流氓。"

股权是对企业的终极控制，企业的重大事项是否能得到执行，都是由基于股权的股东会决定的。其重大事项包括公司章程修改、董事任命、融资、企业重大战略发展。

如 1 号店创始人就是因为失去了大部分股权，才失去了对 1 号店的控制权。2010 年 5 月，基于 1 号店发展需要，其创始人用 80% 的股权获得平安 8000 万元的融资额。让出 80% 股权，就代表于刚把 1 号店的控制权交到了平安手中。

平安获得 1 号店 80% 的股权后，对其进行了整合，但是整个过程并不顺利。于是平安逐步把 1 号店的控股权转让给沃尔玛。在 1 号店把控股权转让给沃尔玛之后，1 号店在同年 7 月 14 日晚正式确认创始人于刚与刘峻岭离职。

创始人该如何从股权层面把握对企业的控制权，避免出现像 1 号店于刚一样的事情呢？可按照以下方法进行。

（1）绝对控股

绝对控制权是指创始人持股达到 67%，即占有全体股份的 2/3，如此，企业决策权基本上可以掌握在创始人手中，其拥有绝对控股权。

（2）相对控股

指企业创始人是持有企业股权最多的股东，与其他股东相比可以保持对企业的相对控制力。相对控股，创始人最少需持有企业 51% 的股权。

（3）法律依据控股

根据中国司法与公司章程规定（见图 9–1）。

图 9–1　中国司法与公司章程规定的股东会决策票数

2. 董事会层面的控制权

对董事会层面上的控制，英美国家一般都是遵循董事会中心主义，董事会拥有除了股东大会明确自己保留的权利之外的所有权利，而大陆法系国家一般是奉行股东会中心主义，只有得到股东会的明确授权，董事会才能拥有相关的权利。即使如此，控制董事会仍是创始人控制企业的重要手段。

通常情况下，提名与罢免是控制董事会最重要的法律手段，但是，在现实中，企业的投资者往往会要求享有董事任免权，企业往往也需要创始人之外的董事来帮助自己进一步得到发展。因此，在引进新董事的过程中，企业要注意控制董事会的人数以及创始人任命的董事人数。

企业在 A 轮融资时，可以设置 7 名董事，除了 A 轮投资者委派一名董事外，创始团队的董事席位还有 6 人，这样在第三轮融资的情况下，创始人团队还占有四席，如此就可以掌握董事会的决策走向。

从上文可以看出，控制董事会的席位可以控制董事会的决议，最终达到控制企业的目的。在实践中，还可以通过以下几种方式控制企业董事会（见图 9–2）。

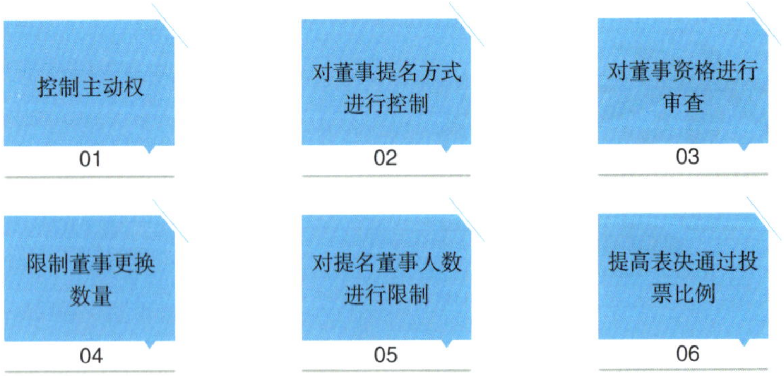

图 9–2　控制企业董事会的六种方式

第一种，控制主动权。对企业股东会的表决权，选举或指派己方人员为董事会成员。

第二种，对董事的提名方式进行控制。董事会成员通常是由股东、董事会成员提名，或是公开召集候选人的方式产生。如果发生控制权问题，董事会可以通过公司章程的不明确之处或特别规定来剥夺企业股东的提名。

第三种，对董事资格进行审查。譬如公司章程规定董事、监事候选人的产生程序是：由董事会召开股东座谈会，然后听取股东的意见，再审查候选人任职资格，最终确定候选人。

第四种，限制董事更换数量。创始人可以规定每年改选董事的人数，并设置更换董事的比例。如此，创始人就可以在董事会中保有优势地位。

第五种，对提名董事人数进行限制。如公司章程规定，由董事会根据股东股权结构来确定或者改选董事名额。

第六种，提高表决通过投票比例。创始人可以通过公司章程把一些重要事项列为董事会的特别表决事项。比如将董事提名、董事长选举、对外投资以及担保等重大事项列为特别表决事项，要求达到 2/3 以上董事的同意。

如马云在 1999 年创立了阿里巴巴，与其他 17 个朋友组成一个团队，即阿里巴巴合伙人。根据阿里巴巴的招股书显示，阿里巴巴合伙人拥有独家提名多数董事会成员的权利，但是董事提名候选人，须在一年一度的股东大会上获得大部分票数，才能成为董事成员。

根据马云、蔡崇信、软银与雅虎达成的投票协议，软银与雅虎需对阿里巴巴合伙人提名的董事候选人投赞成票。

3. 企业经营管理的控制权

董事会与股东会是相对独立的，股东无权干预董事会依据法律和公司章程行使日常经营决策的权利。所以，企业的控股权与企业运营的控制权并没有必然的联系。这一点，在股权比较分散的企业体现得更加明显。

企业的日常经营管理事务，通常由董事会决定。一般情况下无需召开股东会，也很少通过股东会的控制权来参与企业的日常经营。只有在面临重大事件时，才需要召开股东会或者要求签署股东决议文件。所以，创始人如果控股了董事会就等于控制了企业的日常经营管理。创始人需占有大部分董事席位，以保证决策效果与决策效率。

如京东招股书显示，京东的董事会为 9 人，老虎基金、BestAlliance、Strong Desire 以及 DCM 分别有权任命一名董事，刘强东的团队则拥有 5 名董事任命权，并有权任命董事会主席。从董事会的席位来看，刘强东团队与其他股东在董事会的投票权为 5：4，因此可获得过半数投票权。如此，刘强东就拥有了在董事会与股东会的绝对发言权，从而对京东的经营管理保有绝对的控制权。

9.2 通过表决权委托，保障控制权

表决权委托是指企业部分股东通过协议约定，将投票权委托给其他特定股东行使。一般来说，所委托的表决权是不可注销的，或者需要约定较长的授权期限。通过表决权委托，创始人可以全权掌握企业的控

制权。

表决权是一种固有权，除非法律有限制性的规定，否则，股东大会与公司章程都不能对股东享有的投票权加以限制或者剥夺。所以，创始人可以通过获得其他股东的表决委托权来保持对企业的控制。

1. 表决权委托的具体作用

为什么创始人可以通过获取投资者的表决权委托达到控制企业的目的？原因很简单，因为股东表决权具备以下几种作用。

（1）对企业、股东的价值

对企业来说，表决权可以让企业运行更加有效。企业决议是通过股东表决而形成的股东大会的意思表示。因此，为了平衡股东间的利益冲突，使企业快速有效地形成决策，避免因拖延或是各种原因导致失去最佳的决策时间点，在长期的经营实践中，股东的表决权已经具备了基本原则（见图 9–3）。虽然不可避免地存在集体行动问题，但却不妨碍企业决策的迅速有效性。

图 9–3　股东表决权的三大基本原则

对于股东来说，他是企业的投资者，关心的重点是如何从企业的经营活动中得到利益。在企业的组织机构的构造中，股东只能在股东大会体现其关心的结果。在股东大会上，股东可以凭借手中的表决权对董事和监事的选举更换、公司章程的修改、公司的经营方针和投资计划、资产的增减、企业合并等重大事项行使决定权。也就是说，股东可以凭借手中的表决权，从根本上选择企业的运营方式，保证自己的权利不受损害。

对收购企业来说，表决权的存在有利于企业收购。在企业收购中，企业要获得另一家企业的控制权，就需要通过吸纳、受让或者公开收购目标企业一定比例的股份，然后通过股份上所具有的表决权行使控制目标企业的股东大会，同时改组其他管理层，以此来对目标企业进行控制。

（2）是企业所有与企业经营的连接点

从绝对意义上看，表决权是属于每一个股东的权利，是一种参与企业管理的权利。从相对功能意义角度看，表决权是一种控制权，是具备工具性质的。首先，它是联系企业所有与企业经营的连接点；其次，表决权的控制性质体现在股东与股东的关系中。

在现代管理经营中，企业所有与企业经营一般都处于分离状态。作为企业经营机关的董事会与经理层，掌握着企业的业务执行权，控制着企业。从法律角度来说，股东大会才是企业的最高权力机关，对于企业的重要事项有决定权。至于企业的其他行为，即使没有法律规定，一般情况下也需要由股东会表决。由此可见，股东控制着管理者，这种控制关系是由表决权体现出来的。

根据一股一原则与资本多数决定原则，表决权与所持股份数量成正比。即股东持有的股份越多，表决权就越多。如此，创始人就越有机会把自己的候选人选举为董事或管理人员，把自己制定的议案变成企业的决议。

这就是为什么创始人要获得投资者决定权委托的根本原因。如刘强东就是用表决权委托的方式对京东做到了全面控制。根据京东招股书显示，在京东发行上市前，京东的 11 家投资人将其投票权全权委托于刘强东行使。虽然刘强东仅持有京东 20% 的股份，但是却通过老虎基金、今日资本、腾讯等投资者的表决权委托掌控了京东上市前过半数的表决权。

2. 表决权委托的注意事项

创始人在争取股东的表决权委托时，需要注意以下几个方面的问题（见图 9–4）。

图 9–4　争取股权表决权需注意的三大问题

（1）代理人资格

《公司法》对行使表决权的代理人资格并未做出明确规定，解释上可认为凡是具备民事行为能力的自然人都可以作为代表人。由于企业自己不享有表决权，所以企业自身不得担任本企业股东的代理人。由于企业互相持有股份不享有表决权，所以企业也不能把被排除表决权的股份作为代理人行使的表决权。

需要注意的是，如果公司章程规定股东的表决权行使代理人只限于本企业股东，那么就要考虑其利弊问题。股东的表决权行使代理人既包括委托代理人，也包括法定代理人。

（2）代理人人数

为了避免出现数个代理人扰乱股东大会的程序，不少国家的法律都将股东委托的代理人人数限定为 1 人。《公司法》亦对此做出解释。如果股东委托的代理人发生重复，应以企业最先收到的股东授权委托书决定代理人，但需建立在股东未发布撤销委托书的基础上。因此，创始人如果想获得股东的表决权委托，那么就要注意时间性，不能被他人抢先。

至于一个代理人是否能代表数个股东行使表决权，对此应做肯定解释。如腾讯、今日资本、老虎基金等股东都把表决权委托给了刘强东。

（3）代理人形式

股东委托代理人行使表决权时，代理人需向企业提交股东授权委托书。即股东在做表决权授予时，不能以口头形式授予，而要以书面形式授予，且由企业统一印发。股东在向代理人授权时，必须在委托书中载明其授权范围，防止少数人以不正当手段操纵股东大会。

9.3 通过签署一致行动人协议，保障控制权

《一致行动人协议》是指通过协议等方式，各方承诺在某些事情上保持一致行动时所记载的各方承诺内容的法律文书。

《一致行动人协议》又有“小股东会”之称，每次在股东会表决或者协议约定某个事项时，有关各方可以在“小股东会”中先决议出一个对外的唯一结果，然后再在股东会上提出这个结果。如果有人没有按照协议约定一致行动，会受到《一致行动人协议》中约定的违约惩罚。

1. 明确签署《一致行动人协议》的一致行动人

在上市公司的收购与相关股份权利变动的活动中有一致行动情形的投资者，互为一致行动人。如没有相反证据，投资者存在以下情形的，可列为一致行动人（见图 9–5）。

除上文叙述之外，一致行动人的认定还包括了以下四个基本点：第一，协议。采取一致行动的法律依据时的协议。第二，手段。采取一致行动的手段时行使目标企业的表决权。第三，方式。采取一致行动的方式时采取相同意思表示。第四，目的。采取一致行动的目的是为了扩大其对目标企业股份的控制比例，或是巩固其对目标企业的控制地位。

如汇川技术的朱兴明为了获取汇川的控制权，与其他 9 名自然人在 2009 年 8 月 25 日签订了《一致行动人协议》书。在协议中做了以下约定（见图 9–6）：

情景一	投资者之间属于股权控制关系
情景二	投资者受控于同一主体
情景三	投资者的董事、监事、或者高级管理者中的主要人员，同时在另一个投资者处担任董事、监事或者高级管理人员
情景四	投资者参股另一投资者，可以对参股企业的重大决策产生影响
情景五	银行以外的其他法人、组织与自然人为投资者获得相关股份提供融资安排
情景六	投资者存在合伙、合作、联营等其他经济利益关系
情景七	持有投资者30%以上股份的自然人，与投资者持有同一上市企业股份
情景八	在投资者处担任职位的董事、监事与高级管理者，与投资者持有同一上市企业股份
情景九	持有投资者30%以上股份的自然人与投资者任职的董事、监事以及高级管理者。其配偶、父母、子女、配偶的父母、配偶的兄弟姐妹及其配偶等亲属，与投资者持有同一上市公司股份
情景十	在上市企业任职的董事、监事、高级管理人员及其前项所述亲属同时持有本公司股份的，或者与自己，或者与前项所述亲属直接或者间接控制企业同时持有本公司股份

图9-5　可列为一致行动人的十种情形

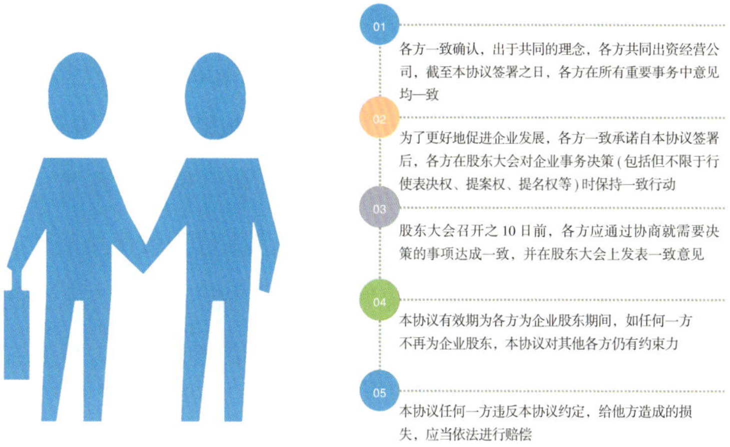

图9-6　汇川技术《一致行动人协议》中的五大约定

2010 年7月28日，朱兴明等10名自然人签署了《一致行动协议书之补充协议》，进一步约定：

股东大会召开之10日前，各方应通过协商就需要决策的事项达成一致，并在股东大会上发表该一致意见。如进行充分沟通后，对会议议案行使何种表决权未能达成一致意见，各方按人数多数进行表决，并按多数方意见在股东大会上对该议案发表一致意见。如出现赞成和反对票相同的情形，各方同意朱兴明多一票表决权。

2. 明确签署《一致行动协议》的股东

签订《一致行动人协议》的股东不一定是企业的大股东，其他小股东如果想获取企业的控制权，一样也可以签订《一致行动人协议》，其可以为初创企业的创始人解决不少问题。创始人为了企业发展，有时需要通过稀释手中股权获得资金。但是创始人手中的股权变少就无法保证对企业的控制权，签署《一致行动人协议》可解决这种困境。

如江海股份002484，在上市前，企业股东香港亿威投资有限公司直接持股 6000 万股股份，占总股本的 50%；其他 47 名境内自然人中方股东合计持有 6000 万股股份，占总股本的 50%。但是根据该企业的披露信息，香港亿威和中方股东共同控制该企业，并非由香港亿威单独控制。

因为在中方 47 名自然人股东中，有 46 名自然人已签署《一致行动人协议》，授权企业股东、董事长陈卫东先生代为行使其持有企业股份所享有的股东大会的投票权、提案权、提名权、临时股东大会的召集权。如此，江海股份就形成了两大表决主体，即香港亿威与陈卫东代表的自然人股东。

3. 明确股东持股数额

在签署《一致行动人协议》之前需要对所持有的股份进行计算。在计算股份时，需包括以下两个内容：一是登记在委托人名下的股份；二是登记在其他一致行动人名下的股份。

如星奥股份，杨亚中、李明勇、陈斌 3 人直接持有企业股权的比例一直保持在 34%、33%、33%，都能对企业形成重大影响。但是任何一个人都无法凭借其手中的股权对股东大会的决议、董事会选举、企业的重大经营决策实施形成决定性影响。正是因为该企业股权结构的独特性，才采取了《一致行动人协议》来明确企业的控制权问题。

4. 明确签署《一致行动协议》的目的

创始人签署《一致行动人协议》的目的可分为两种：一是明确和维护企业实际控制权的稳定性；二是部分第二大、第三大股东获得企业实际控制权。所以，创始人在签署《一致行动人协议》之前，需要明确自己是哪一种目的。

如欧萨咨询签署《一致行动人协议》的目的就属于第二种，该企业的第一大股东国淳创投，持有股份 30.71%，王小兵、张朝一为第二大股东，两人均持股 25.93%，伍波与夏志玲为第三大股东，均持股 6.22%，国际创投为第四大股东，持股 5%。该企业的第一大股东为国淳创投，但是因为第二大股东王小兵与张朝一签署了《一致行动人协议》，因而两人被认定为欧萨咨询的实际控制人。

5.《一致行动人协议》代表案例

创始人如何签署适合自己的《一致行动人协议》？不妨参照以下几个企业的方式，从中找到适合自己的《一致行动人协议》案例。

案例一：本协网宿科技《一致行动人协议》

陈宝珍持有发行人 34.860% 股份，是第一大股东；刘成持有发行人 21.366% 的股份，是第二大股东。两人在 2009 年 4 月签署了《一致行动人协议》，该协议自双方签署后生效，至发行人首次公开发行股票并上市交易 36 个月届满后失效，该协议中对双方保持一致行动事宜做出如下约定（见 9–7）：

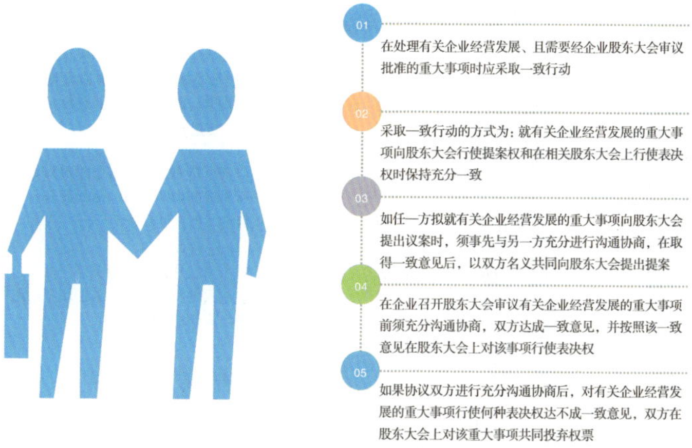

图 9–7　本协网宿科技《一致行动人协议》五大约定

案例二：海兰信《一致行动人协议》

2001 年 2 月，申万秋设立海兰信，邀请魏法军加入企业，并担任总经理。2001 年 4 月两人签署《关于共同创业的约定书》。2001 年 5 月 15 日，经申万秋介绍，魏法军自其他股东处受让海兰信的股权，成为海兰信股东。

至 2006 年 8 月 16 日，经过历次股权变化，申万秋持有海兰信股权 19.95%，魏法军持有海兰信股权 7.45%，两人共持有海兰信 27.4% 的股权，超过当时的第一大股东北京首钢冶金机械厂（持股比例为 24.8%）。当时，海兰信的其他股东之间未签署《一致行动人协议》。因此，申万秋与魏法军自 2006 年 8 月起，取得了海兰信股东会表决权，形成了对海兰信的共同控制。

2007 年 12 月 28 日，双方重新签署了有效期为 5 年的《合作协议》，其中包含了一致行动的约定（见图 9-8）。

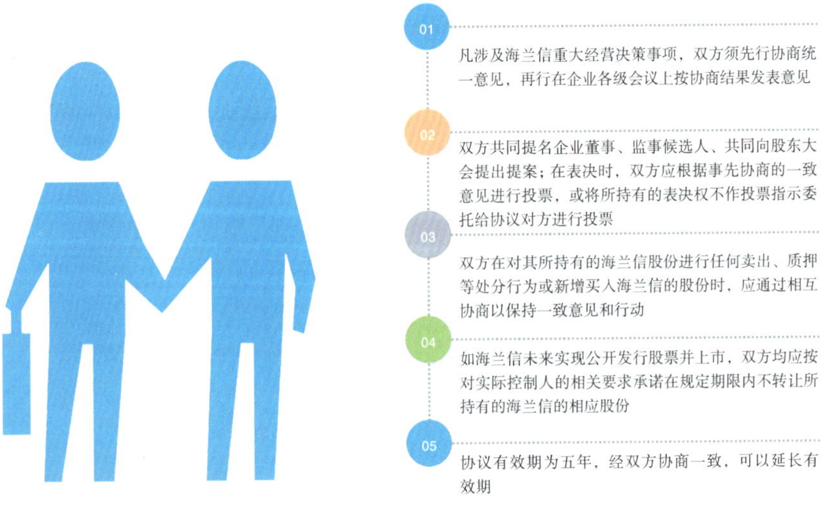

图 9-8　海兰信《一致行动人协议》五大约定

案例三：神农大丰

黄培劲直接持有神农大丰 29.88% 的股份，为第一大股东；创投股东红岭创投持有其 15.83% 股份，为第二大股东，同一控制下的财信创投及财信房地产合计持有发行人 12.66% 的股份。为了稳定企业的控制权，黄培劲与柏远智等 10 位自然人股东签署《一致行动人协议》，使得其实际控制的股份比例上升至 34.05%。该协议约定：

本协议签署后，在处理有关需经神农大丰股东大会审议批准的事项时，各方应采取一致行动。采取一致行动的方式为：在向股东大会行使提案权和在股东大会上对相关事项行使表决权时保持一致；

任何一方拟向股东大会提出议案时，须与其他方进行充分沟通协商，在取得一致意见后，由各方共同向股东大会提出议案；

股东大会召开前，各方应就股东大会拟进行表决的议案进行充分沟通协商，就行使何种表决权达成一致意见，并按照该一致意见在股东大会上对该议案行使表决权。为保证本规定得以执行，在股东大会对相关事项进行表决时，10 位自然人股东应先将填写好的表决票提交黄培劲确认，再由黄培劲将各方的表决票一并提交给收票人。柏远智等 10 位股东任何一方因任何原因不能参加股东大会，应委托黄培劲或黄培劲指定的人代表其参加股东大会，并授权黄培劲及黄培劲指定的人按前述规定代其行使表决权；

任何一方违反本协议约定，应在不违背法律、法规、规章、有关规范性文件和神农大丰章程的前提下，采取有效措施消除其违约行为所带来的影响。柏远智等 10 位股东中的任何一方如发生两次以上（包括两次）违反本协议规定的行为，黄培劲有权要求该违约方将其对股东大会的提案权和在股东大会上的表决权在本协议的有效期内授权黄培劲行使，在授权期限内，该违约方不得再亲自行使提案权和表决权。

协议自各方签署之日起生效，至神农大丰首次公开发行股票上市交易之日起满 36 个月后失效。同时，柏远智等 10 位自然人股东承诺，自发行人股票上市之日起，在公司连续服务年限不少于 3 年。

9.4 通过成立有限合伙企业，保障控股权

有限合伙企业，是指创始人股东作为有限合伙企业的普通合伙人，其他股东作为有限合伙企业的有限合伙人，二者组合成立一个企业，由普通合伙人对企业进行控制，有限合伙人不参与有限合伙企业的经营管理与决策。这种方式可以让创始人控制有限合伙企业所持有的目标企业的表决权。

1. 有限合伙企业与普通合伙企业的区别

很多创业者分不清有限合伙企业与普通合伙企业的区别，因为这两种合伙企业依据的是同一套法律，所以许多规则都是相同的。但是，只要仔细研究就可以发现有限合伙企业与普通合伙企业有本质上的区别，其具体表现如下（见图 9-9）。

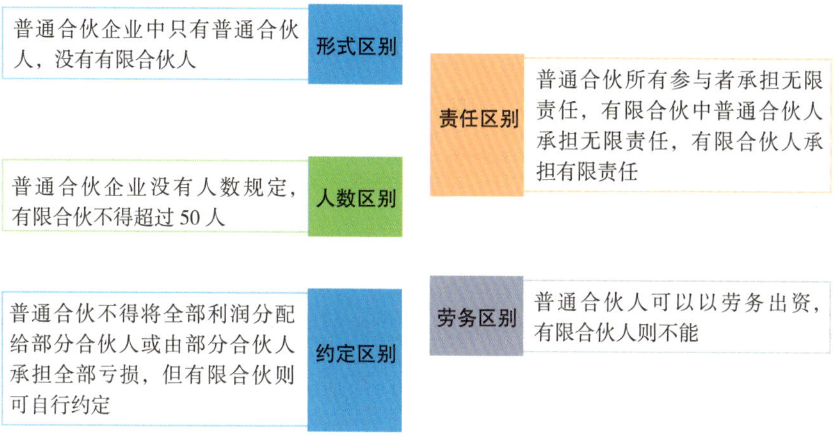

图 9–9　有限合伙企业与普通合伙企业的区别

如博雅生物就采取了有限合伙企业的形式。总经理廖昕晰为了保有对博雅生物的控制权，与其他 13 人成立了胜阳投资，其中 8 人是发行人董事、监事、高管。

胜阳投资为有限合伙企业，认缴出资额 3000 万元，实缴出资额 3000 万元，经营范围为股权投资，13 名有限合伙人与 1 名普通合伙人占有博雅生物 9.38% 的股权。另一股东厦门顺加占有博雅生物 6.25% 的股权。总经理通过有限合伙企业的形式形成了对博雅生物的实际控制。

2. 有限合伙企业存在的必要性

之所以成立有限合伙企业，除了其能帮助创始人稳固企业的控制权外，还具有以下存在必要性（见图 9–10）。

图 9–10　有限合伙存在的三大必要性

(1) 市场经济要求的需要

市场经济是法治经济，法治经济的首要条件是所有的主体在交易中拥有平等的权利，同时保持意思自治。否则，就无法产生有效的司法与正确的市场经济。普通合伙人与有限合伙人可根据自身情况在合伙协议中规定出资比例与责任承担的方式。有限合伙企业形式的选择是建立在合伙人的意思自治上，因此只要不违反相关法律法规，设立有限合伙企业就能达到两种目的：一是满足了投资者的愿望；二是与市场经济的需要相适应。

(2) 有效吸纳资金的需要

中国《公司法》对投资者负有限责任的有限责任公司和股份有限公司做了最低资本金的限制，因此很难满足既想投资又想承担有限责任的投资者的需求。而有限合伙企业则无此限制，因此可以有效解决这一问题，弥补企业合伙制度的不足。

(3) 当前社会发展的需要

中国已存在并事实上承认有限合伙企业，因此设立有限合伙制度是现实生活与立法发展的需要。在现实中，出现了不少不法人士利用合伙企业资金却不参与经营，有利润就分割，有债务就以投资的资金承担的情况。设立有限合伙企业可以有效地制止这种情况的发生。

如三诺生物就是通过有限合伙企业实现了增值扩股。2010 年 12 月 24 日，三诺生物召开第一次临时股东大会，审议通过了《关于公司增值扩股的议案》。增资扩股后，注册资本由原先的 6000 万元变为 6600 万元。

本次增资，三诺生物向张帆、王世敏、王飞以及部分员工投资设立的益和投资定向发行人民币普通股 600 万股，张帆、王世敏、王飞以及益和投资通过现金形式分别认购了 480 万股、10 万股、10 万股、100 万股。

3. 有限合伙企业的成立条件

设立有限合伙企业，应当具备下列条件：

条件一：有限合伙企业由 2 个以上 50 个以下合伙人设立，法律另有规定的除外；

条件二：有限合伙企业至少应当有一个普通合伙人；

条件三：有限合伙企业名称中应当标明“有限合伙”字样；

条件四：有限合伙人可以用货币、实物、知识产权、土地使用权或者其他财产权作价出资；

条件五：有限合伙人不得以劳务出资；

条件六：有限合伙人应当按照合伙协议的约定按期足额缴纳出资；未按期足额缴纳的，应当承担补缴义务，并对其他合伙人承担违约责任；

条件七：有限合伙企业登记事项中应当载明有限合伙人的姓名或者名称及认缴的出资数额；

条件八：有限合伙企业由普通合伙人执行合伙事务，执行事务的普通合伙人可以要求在合伙协议中确定执行事务的报酬及报酬的提取方式；

条件九：有限合伙人不执行合伙事务，不得对外代表有限合伙企业。

9.5 通过卡牛计划，保障控制权

卡牛计划，也称双层股权结构或二元结构（在美国非常普遍），可以让企业创始人以及其他大股东在企业上市后，仍能保有大比例的表决权来控制企业。纽约证券交易所与纳斯达克市场都允许上市企业采用双层股权结构。Facebook、谷歌等美国企业都采用了这种模式。

1. 卡牛计划的积极作用

为什么谷歌等国外大企业均采用卡牛计划设计企业的股权架构？因为在这种股权结构下，企业可以发行具有不同程度表决权的两类股票，从而让创始人与管理层获得更多的表决权，有效制止对冲基金与维权股东对创始人控制权的冲击。具体而言，企业实行卡牛计划可以起到以下三点积极作用（见图 9-11）。

图 9-11　卡牛计划的三点积极作用

（1）避免因稀释失去控制权

一般来说，发行企业债券对企业规模与负债率都有一定的要求，成长性的企业资产比例较低，因此很难发行债券。但是它们又急需资金来帮助自己发展，同时投资者又看好这个行业。因此，创始人只能通过稀释自己的股权来获取发展资金。而稀释过度的结果是创始人失去对企业的控制权。双层股权结构可以让企业的股权与投票权分离，保有创始人的企业控制权。

（2）保护中小股东利益

在卡牛计划下，A、B类两种股票的差别在于表决权大小以及可转让性。企业创始人、执行董事与管理层持有的B类股不能转让。如果要转让就需转成A类股。通过这样的方式，可以保证企业的创始人以及管理层对企业决策的谨慎性，从而保护中小股东的利益。

（3）有效反击敌意收购

由于经营范围与生产情况的不同，一些企业的创始人与管理层股东更需要牢牢地掌握控制权。面对敌意收购行为，卡牛计划可以保障企业的控制权牢牢掌握在创始人与管理层手中。其对于传媒业、娱乐业、投资基金行业、科技类企业都是有效反击敌意收购的手段。

如谷歌就是采用卡牛计划的典型代表，通过这种结构模式，谷歌的创始人与管理层有效掌握了企业的控制权。

2004年，谷歌在上市时实行了卡牛计划。其中A种股票每股1份投票权，B种股票每股10份投票权。B种股票的持有者只有创始人谢尔盖·布林，拉里·佩奇与埃里克·斯密特三人。实行卡牛计划让他们三个人对谷歌的控制权超过了50%。两位创始人表示，卡牛计划是新生代技术企业的一种发展趋势，更符合新生代企业在上市时的经营理念。因为它可以保护企业不受短期压力的干扰，能给企业的长远发展带来更多的灵活性。

2. 卡牛计划的注意事项

采用卡牛计划，企业需要在招股书中说明高表决权股票的每一股所代表的表决权数额、表决权以及限制表决权的表决事项。同时，需要对股票购买者做出普通表决权不利于短线投资或者投资收益会降低的警示，并确立更为严格的披露跟踪制度。

如百度公司在这一点上就做得非常好。在中国公司中，百度是首次在海外设立采用双层股权结构的离岸企业，进而让自己在美国成功上市。

百度招股说明书显示，在百度赴美上市前发行的 B 类股票中，谷歌持有 2.6% 股权、DFJ 持有 4.9% 股权、Integrity Partners 持有 11% 股权、PeninsulaCapital Fund 持股 10.1%；作为创始人、CEO 的李彦宏持股 25.8%，另一创始人徐勇持股 8.2%，其他 4 位高管持股 3.7%，普通员工持股 5.5%。由此看来，两位创始人共同持股 35% 的 B 类股票，再加上 B 类股票的 10 倍投票权，因此即使是在持股少于 50% 的情况下，创始人依然能够控制百度。

3. 卡牛计划对表决权的限制

采用卡牛计划，对表决权做出限制，并不代表对收益者也进行了限制，收益权与表决权是分离的。派发股息、分红等财产收益权应当按照一种股票对应一份收益的原则。如有必要，还需对高表决权股票的具体表决事项进行限制。

如 Facebook 就对表决权进行了限制。2009 年 11 月 25 日，Facebook 宣布把股份分为 A、B 两类，如若上市，持有 B 类股票的股东选择出售股票，其将自动转化为 A 类股票，以此确保现有股东的表决权不会受到影响。

根据其招股书显示，截至 2011 年 12 月 31 日，Facebook 在上市前共发行 A 类股 1.17 亿股，B 类股 17.59 亿股。创始人扎克伯格持有 B 类股 5.34 亿股，占 B 类股的 28.4%，但这个比例并不能确保扎克伯格对 Facebook 有绝对控制权。

因此，扎克伯格在设计双层股权结构时还加入了一个代理协议，对表决权做出了限制。协议的内容是：前十轮融资中的所有投资者都需要签订表决权代理协议，同意在某些特定场合，授权扎克伯格代表他们进行投票，该协议在上市后仍有效力。这部分代理投票权为 30.5%，加上其本人所持有的投票权，扎克伯格总计拥有 58.9% 的投票权，对 Facebook 有绝对控制权。

9.6 通过毒丸计划，保障控制权

2016 年，万科与宝能之争闹得沸沸扬扬，王石一度把宝能称为“门口野蛮人”。为了抵住“野蛮人”的进攻，万科曾说要采取“毒丸计划”，但该计划最后并没有得到有效执行，因而创始人王石被“踢”出了董事局。毒丸计划到底是怎样的计划，能让王石将之当成救命稻草呢？

毒丸计划是美国著名并购律师马丁 · 利普顿于 1982 年创立的，正式名称为“股权摊薄反收购措施”。当企业遇到恶意收购，并占有

10% ~ 20% 的股权时，企业为了保住自己的控股权，可大量低价增发新股。如此，就可以让收购方手中的股票占比率下降，摊薄股权，增加收购成本。其目的是让收购方无法达到控股的目的。该方法于 1985 年在美国特拉华法院被裁决为合法化。

1. 毒丸计划的类型

毒丸计划一般表现为四种类型（见图 9–12）。

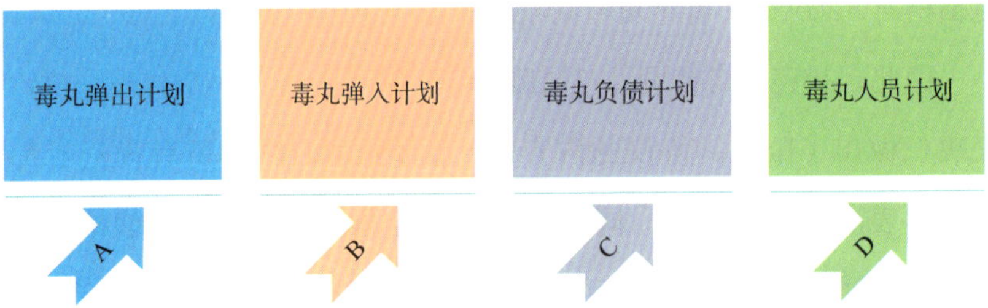

图 9–12　毒丸计划的四种类型

（1）类型一：毒丸弹出计划

毒丸弹出计划是指履行收购权，购买优先股。例如，以 200 元购买的优先股可以转化成目标企业 400 元的股票。弹出计划的目的是提供股东在收购中愿意接受的最低价格。若目标企业的股价为 100 元，就不会接受低于 300 元的收购要约。不要以为这 300 元是股东可以从股权中得到的溢价，其实它等于 100 元的股价加上 400 元减去 200 元的购股成本。

（2）类型二：毒丸弹入计划

在此类型的毒丸计划中，目标企业一般都可以通过高溢价购回其发行购股权，其溢价高达100%。即用200元购回100元的优先股。但是回购的对象不包括敌意收购者或触发毒丸计划的大股东。如此，就可以对收购者在目标企业中的权益进行稀释。弹入计划一般都被包括在一个有效的弹出计划中。

（3）类型三：毒丸负债计划

是指目标企业在面临恶意收购威胁时，通过大量增加企业负债来降低企业对收购者的吸引力。譬如，目标企业发行债券并约定在企业股权发生大变化时，债券持有人可立刻要求兑付，从而让企业面临巨额现金支出，以此来降低恶意收购者的兴趣。

（4）类型四：毒丸人员计划

此计划是指目标企业全部或者绝大部分的高级管理者共同签署协议：如果企业在以不公开的价格下被收购，并且这些人中有一个人在收购后被降职甚至革职，那么全部管理人员将集体辞职。这一计划不仅能保证目标企业股东的利益，还可以让恶意收购者慎重考虑收购后管理层发生大地震所带来的影响。现在大多数企业都是以人才为核心的企业，一旦核心人才辞职，这家企业也就失去了价值。

2. 使用毒丸计划的前提条件

一旦未经认可的一方收购了目标企业10%～20%的股份，毒丸计划即可启动，让新股充斥市场。一旦毒丸计划被触发，目标企业的其他股东都有机会低价买进新股。如此就可稀释恶意收购方的股权，使其明白这样做需付出巨大的收购成本，从而打消其恶意收购的计划。美国有超过2000家企业都使用了毒丸计划。在中国，也有不少企业采用了毒丸计划，并成功制止了恶意收购者。

如第九城市在 2009 年 1 月 8 日就对外宣布执行毒丸计划，其对外宣传的内容是：为保护九城及其股东的最佳利益，决定实施一项股权权益计划。

在 2009 年 1 月 22 日营业结束后，第九城市每一份已发行的普通股都将被授予一份权益，该权益将附属于九城已发行的股份，不会单独发放权益证明。只有当某个拥有者掌握了九城 15% 的投票权的股份，该权益方能被行使。

在毒丸计划被触发后，除了收购人之外的股东都可以以股东权益计划中设定的行权价格购买价值为行权价格两倍的股权。除非被九城终止，或到期前被九城赎回权益，该计划的有效期到 2019 年 1 月 8 日。

3. 毒丸计划有效执行的典型案例

万科与宝能之争，引发了外界对毒丸计划的关注。虽然王石最后并没有执行该计划，但却不能否认该计划的有效性。事实上，不只是国外，在中国就有不少企业使用该计划击退了恶意收购者。而且他们对毒丸计划的使用都是根据自身情况进行设置，而不是照搬国外的模式，如新浪与哈尔滨啤酒。

（1）案例一：新浪作天价，威吓对手

2004 年年初，盛大因上市获得了大笔的融资金，开始在二级市场收购新浪网的股票。当时，新浪网的管理层并没有在意这一情况，以为盛大只是在进行股权投资。2 月 19 日，盛大突然宣布其持有新浪 19.5% 的股权，达到了一个临界值。如果盛大持有新浪网股权达到 20%，那么新浪与盛大就要合并财务报表。此时新浪网才意识到自己被

恶意收购。于是，新浪网马上执行了股权稀释毒丸计划。

该计划股票购买价格大致在35美元左右，新浪实行毒丸计划的目的是让另外80%的股东用15美元的价格购买新浪网股票，如此盛大的股权比例就会下降至20%以下。此时，除非盛大资金雄厚，能继续购买新浪网股票。否则盛大就会因资金实力不足而知难而退，从而使新浪网反收购成功。

新浪网采取的毒丸计划是美国上市公司常用的收购武器。实际上，新浪的毒丸计划拥有两种选择：一是以150美元的价格，从新浪网赎回300美元；二是获得1‰的优先股。如果新浪选择前者，新浪即将手中的巨额现金全部分配给收购之外的全部股东；如果新浪选择后者也可使恶意收购者的股权稀释到不足以控制新浪的程度。新浪的毒丸计划实际上起到了威吓与告诫作用：如果要继续收购，盛大将付出巨大的代价。

（2）案例二：哈啤寻找白衣骑士，善意收购

2003年6月27日，被誉为全球第二大啤酒集团南非啤酒SAB Millerplc（以下简称SAB），以每股2.29港元收购了哈尔滨啤酒29.41%的股权，成为哈尔滨啤酒第一大股东，并签订了为期三年的排他性协议。在这种情况下，哈尔滨啤酒第二大股东哈尔滨政府将所持股权29.07%出售给Global Conduit公司。

2014年5月1日，因为SAB要辞退哈啤原有的管理层，引发了管理层不满。致使哈啤宣布单方面终止排他性协议。此时，全球第一大啤酒商英博宣布将以3.70港元购买哈啤第二大股东29.07%的股权，从而触发了英博与SAB之间的股权大战。SAB为保有哈啤的控制权，于5月4日宣布以每股4.30港元的价格全面邀约收购哈啤，其收购价格

在停牌前溢价 33.3%。

在这场竞购战中，哈啤的管理层抵制 SAB 的收购，支持英博作为“白衣骑士”对哈啤进行收购。有了哈啤管理层的支持，英博 5 月 31 日到 6 月 1 日的股份增至 36%，成为哈啤第一大股东。6 月 3 日英博以每股 5．58 港元的价格全面要约收购哈啤，比 SAB 的收购价高出 30%。最终英博获得了全面胜利，SBA 宣布终止收购，并将所持股份转让给英博。

哈啤采用的是白衣骑士反收购法。白衣骑士是指目标企业为了避免恶意收购而寻找善意收购者的支持，以此来解救目标企业，驱逐恶意收购者。白衣骑士的本质是：宁给友邦，不给外贼。

附录

附录一：《公司章程》范本

XXX 有限公司章程

第一章　总则

第一条　依据《中华人民共和国公司法》（以下简称《公司法》）及有关法律、法规的规定，设立 XXX 有限公司（以下简称公司），特制定本章程。

第二条　本章程中的各项条款与法律、法规、规章不符的，以法律、法规、规章的规定为准。

第二章　公司名称和住所

第三条　公司名称：（以工商部门核定的为准）

第四条　公司地址：（以工商部门核定的为准）

第三章　公司经营范围

第五条　公司经营范围：（以工商部门核定的为准）

第四章　公司认缴注册资本及股东的姓名（名称）、出资方式、认缴出资额及出资期限

第六条　公司注册资本实行认缴制，公司认缴注册资本 XXX 万元，股东按期足额缴纳本章程中规定的各自所认缴的出资额。公司成立后，向股东签发出资证明书。出资证明书载明公司名称、公司成立时间、公司注册资本、股东姓名或者名称、认缴出资额和出资日期、出资证明书编号及核发日期，并由公司盖章。出资证明书遗失的，应立即向公司申报注销，经公司法定代表人审核后予以补发。公司应设置股东名册，记载股东的姓名、住所、出资额及出资证明书编号等内容。

第七条 股东姓名（名称）、身份证号、缴纳出资期限、认缴注册资本金额、出资方式一览表：

股东姓名（名称）	证件号码	缴纳出资期限	认缴注册资本金额（万元）	出资方式
				货币
				货币
合计	/	/		/

注：

1. 股东以其认缴的出资额为限对公司承担责任。

2. 股东应当按期足额缴纳各自所认缴的出资额，股东不按照规定缴纳出资的，除应当向公司足额缴纳外，还应当向已按期足额缴纳出资的股东承担违约责任。

3. 股东滥用股东权利给公司或者其他股东造成损失的，应当依法承担赔偿责任。股东滥用公司法人独立地位和股东有限责任，逃避债务，严重损害公司债权人利益的，应当对公司债务承担连带责任。

第五章 公司的机构及其产生办法、职权、议事规则

第八条 股东会由全体股东组成，是公司的权力机构，行使下列职权：

(一) 决定公司的经营方针和投资计划；

(二) 选举和更换执行董事，决定有关执行董事的报酬事项；

(三) 选举和更换由股东代表出任的监事，决定监事的报酬事项；

(四) 审议批准执行董事的报告；

(五) 审议批准监事的报告；

(六) 审议批准公司的年度财务预算方案、决算方案；

(七) 审议批准公司的利润分配方案和弥补亏损方案；

(八) 对公司增加或者减少注册资本做出决议；

(九) 对股东向股东以外的人转让出资做出决议；

(十) 对公司合并、分立、解散、清算或者变更公司形式等事项做出决议；

(十一) 修改公司章程；

(十二) 聘任或解聘公司经理；

(十三) 公司章程规定的其他职权。

第九条 股东会的首次会议由出资最多的股东召集和主持。

第十条 股东会会议由股东按照出资比例行使表决权。

第十一条 股东会会议分为定期会议和临时会议。

召开股东会会议，应当于会议召开15日前通知全体股东。

定期会议按季度定时召开一次。代表1/10以上表决权的股东、监事提议召开临时会议的，应当召开临时会议。

股东出席股东会议也可书面委托他人参加股东会议，代其行使委托书中载明的权利。

第十二条 股东会会议由执行董事召集并主持；执行董事不能履行或者不履行召集股东会会议职责的，有监事召集和主持；监事不召集和主持的，代表 1/10 以上表决权的股东可以自行召集和主持。

第十三条 股东会会议做出修改公司章程、增加或者减少注册资本决议，以及公司合并、分立、解散或者变更公司形式的决议，必须经代表 2/3 以上表决权的股东通过。

第十四条 公司不设董事会，设执行董事一人，由股东选举产生。执行董事任期 3 年，任期届满，可连选连任。执行董事在任期届满前，股东会不得无故解除其职务。

第十五条 执行董事对股东会负责，行使下列职权：

（一）负责召集股东会，并向股东会议报告工作；

（二）执行股东会的决议；

（三）审定公司的经营计划和投资方案；

（四）制订公司的年度财务预算方案、决算方案；

（五）制订公司的利润分配方案和弥补亏损方案；

（六）制订公司增加或者减少注册资本以及发行公司债券的方案；

（七）制订公司合并、分立、变更公司形式、解散的方案；

（八）决定公司内部管理机构的设置；

（九）决定聘任或者解聘公司经理及其报酬事项，并根据经理的提名决定聘任或者解聘公司副经理、财务负责人及其报酬事项；

（十）制定公司的基本管理制度；

（十一）在发生战争、特大自然灾害等紧急情况下，对公司事务行使特别裁决权和处置权，但这类裁决权和处置权须符合公司利益，并在事后向股东会报告。

第十六条 公司可设经理，由股东会聘任或解聘。经理对股东会负责，行使下列职权：

（一）主持公司的生产经营管理工作；

（二）组织实施公司年度经营计划和投资方案；

（三）拟定公司内部管理机构设置方案；

（四）拟定公司的基本管理制度；

（五）制定公司的具体规章制度；

（六）提请聘任或者解聘公司副经理，财务负责人；

（七）聘任或者解聘除由股东会决定聘任或者解聘以外的管理人员；经理列席股东会会议；

（八）股东会授予的其他职权。

第十七条 公司不设监事会，设监事一人，由公司股东会选举产生。监事对股东会负责，监事任期每届三年，任期届满，可连选连任。

第十八条 监事行使下列职权：

（一）检查公司财务；

（二）对执行董事、高级管理人员执行公司职务的行为进行监督，对违反法律、行政法规、公司章程或者股东会决议的执行董事、高级管理人员提出罢免的建议；

（三）当执行董事、高级管理人员的行为损害公司利益时，要求执行董事、高级管理人员予以纠正；

（四）提议召开临时股东会会议，在执行董事不履行《公司法》规定的召集和主持股东会会议职责时，召集和主持股东会会议；

（五）向股东会会议提出提案；

（六）依照《公司法》第一百五十二条的规定，对执行董事、高级管理人员提起诉讼；

（七）公司章程规定的其他职权。

第六章 公司的法定代表人

第十九条 执行董事为公司的法定代表人，任期三年，由股东会选举产生，任期届满，可连选连任。

第二十条 法定代表人行使以下职权：

（一）召集和主持股东会议；

（二）检查股东会议的落实情况，并向股东会报告；

（三）代表公司签署有关文件；

（四）在发生战争、特大自然灾害等紧急情况下，对公司事务行使特别裁决权和处置权，但这类裁决权和处置权须符合公司利益，并在事后向股东会报告；

（五）公司章程规定的其他职权。

第七章 股东会会议认为需要规定的其他事项

第二十一条 股东之间可以相互转让其部分或全部出资。

第二十二条 股东向股东以外的人转让股权，应当经其他股东过半数同意。股东应就其股权转让事项书面通知其他股东征求同意，其他股东自接到书面通知之日起满 30 日未答复的，视为同意转让。其他股东半数以上不同意转让的，不同意的股东应当购买该转让的股权；不购买的，视为同意转让。

经股东同意转让的股权，在同等条件下，其他股东有优先购买权。两个以上股东主张行使优先购买权的，协商确定各自的购买比例；协商不成的，按照转让时各自的出资比例行使优先购买权。

第二十三条 公司的营业期限为 30 年，自公司营业执照签发之日起计算。

第二十四条 有下列情形之一的，公司清算组应当自公司清算结束之日起30日内向原公司登记机关申请注销登记：

（一）公司被依法宣告破产；

（二）公司章程规定的营业期限届满或者公司章程规定的其他解散事由出现，但公司通过修改公司章程而存续的除外；

（三）股东会决议解散；

（四）依法被吊销营业执照、责令关闭或者被撤销；

（五）人民法院依法予以解散；

（六）法律、行政法规规定的其他解散情形。

第八章　附则

第二十五条 公司登记事项以公司登记机关核定的为准。

第二十六条　公司章程经股东签字后生效。

第二十七条 本章程一式叁份，并报公司登记机关一份。

全体股东签字：

xxx年xxx月xxx日

附录二：《一致行动人协议》范本

《一致行动人协议》书

甲方：xxx （身份证号码：xxx ）

乙方：xxx （身份证号码：xxx ）

鉴于各方系 xxx 有限公司（以下简称“公司”）的股东，为了公司长期稳定地发展，同意各方按照《中华人民共和国公司法》等有关法律、法规的规定和要求，作为一致行动人行使股东权利，承担股东义务，共同参与公司的经营管理。

为明确协议各方作为一致行动人的权利和义务，根据平等互利的原则，经友好协商，特签订本协议书。

第一条　协议各方的权利义务

1. 协议各方应当在决定公司日常经营管理事项时，共同行使公司股东权利，特别是行使召集权、提案权、表决权时采取一致行动。包括但不限于：

（一）决定公司的经营方针和投资计划；

（二）选举和更换非职工代表担任的董事、监事，决定有关董事、监事的报酬事项；

（三）审议批准董事会的报告；

（四）审议批准董事会或者监事的报告；

（五）审议批准公司的年度财务预算方案、决算方案；

（六）审议批准公司的利润分配方案和弥补亏损方案；

（七）对公司增加或者减少注册资本做出决议；

（八）对发行公司债券做出决议；

（九）对公司合并、分立、解散、清算或者变更公司形式做出决议；

（十）修改公司章程；

（十一）公司章程规定的其他职权。

2. 协议各方应当在行使公司股东权利，特别是提案权、表决权之前进行充分地协商、沟通，以保证顺利做出一致行动的决定；必要时召开一致行动人会议，促使协议各方达成采取一致行动的决定。

3. 协议各方同时作为公司的董事，在董事会相关决策过程中应当确保采取一致行动，行使董事权利。

4. 协议各方应当确保按照达成一致行动决定行使股东权利，承担股东义务。

5. 协议各方若不能就一致行动达成统一意见，应按照本协议第三条执行。

第二条　协议各方的声明、保证和承诺

1. 协议各方均具有权利能力与行为能力订立和履行本协议，本协议对协议各方具有合法、有效的约束力。

2. 协议各方对因采取一致性行动而涉及的文件资料、商业秘密及其可能得知的涉及他方的商业秘密负有合理保密义务。

3. 协议各方在本协议中承担的义务是合法有效的，其履行不会与其承担的其他合同义务冲突，也不会违反任何法律。

4. 各项声明、保证和承诺是根据本协议签署日存在的实施情况而做出的，协议各方声明，其在本协议中的所有声明和承诺均是不可撤销的。

第三条　一致行动的特别约定

若协议各方在公司经营管理等事项上就某些问题无法达成一致时，

应当按照持股多数原则做出一致行动的决定，协议各方应当严格按照该决定执行。

第四条　违约责任

由于任何一方的违约，造成本协议不能履行或不能完全履行时，由违约方承担违约责任。如出现多方违约，则根据各方过错，由各方分别承担相应的违约责任。

第五条　争议解决方式

凡因履行本协议所发生的一切争议，协议各方均应通过友好协商的方法解决；如果该项争议在任何一方提出友好协商之后仍未能达成一致意见，双方应该将争议提交中国国际经济贸易仲裁委员会，按其届时有效的仲裁规则在当地仲裁。

第六条　其他事宜

1. 本协议中未尽事宜或出现与本协议相关的其他事宜时，由协议各方协商解决并另行签订补充协议，补充协议与本协议具有同等法律效力。

2. 本协议一式两份，协议各方各执 1 份。

3. 本协议经各方签字盖章后生效。

甲方法定代表人（或授权代表）：xxx

乙方法定代表人（或授权代表）：xxx

签署时间：xxx 年 xxx 月 xxx 日

附录三：股份分配协议书

第一章　总则

第一条：根据《中华人民共和国公司法》及中国其他法律、法规规定，出资人遵循协商一致的原则，共同出资成立具有独立法人资格的公司。

第二章　公司基本情况

第二条：联合经营公司名称：xxx（以下简称公司）

法人代表：

企业法人营业执照注册号：

公司地址：

第三条：公司类型：

第四条：公司经营范围：

第五条：公司经营期限自　　年　　月　　日至　　年　　月　　日

第三章　投资资本及出资人

第六条：公司注册资本为　　　万元人民币，出资人和出资所占比例的基本情况为：

甲方：　　　　，身份证号：　　　　　　　，出资额：　　万元人民币，占注册资本比例　　　　　　　%；

乙方：　　　　，身份证号：　　　　　　　，出资额：　　万元人民币，占注册资本比例　　　　　　　%；

丙方：　　　　，身份证号：　　　　　　　，出资额：　　万元人民币，占注册资本比例　　　　　　　%；

第四章　出资人的权利和义务

第七条：出资人享有下列权利：

（一）出席股东会，按出资比例行使表决权；

（二）选举和被选举为董事、监事；

（三）可查阅股东会记录和公司财务会计报告；

（四）按出资比例分取红利；

（五）按出资比例分取公司清算后出资人可分配的资产；

（六）按章程规定转让出资；

（七）法律、法规规定的其他权利。

第八条：出资人的义务：

（一）承认并遵守公司章程；

（二）按时足额缴纳所认缴的出资额；

（三）公司依法成立后　　年内不得抽回出资额；

（四）以其出资额比例，对公司承担责任；

（五）保守公司内部经营方式及营运机密；

（六）遵守法律、法规和公司规章制度。

第九条：在日常工作中，必须确立和支持甲方（即管理方）的绝对管理权，使甲方不受外界因素影响，从而避免管理结构混乱的情况发生。

第十条：除甲方以外，其余股份持有人，不得参与和干涉日常行政管理工作，对公司行政管理有任何异议，应在股东会议上向甲方提出，由股东共同制定相应措施。

第五章　股东转让出资的条件

第十一条：股东之间可以相互转让部分出资。

第十二条：股东向股东以外的人转让其出资时，必须经全体股东过半数同意，不同意转让的股东应当购买该转让的出资，如果不购买该转让的出资，视为同意转让。

第十三条：股东依法转让其出资后，由公司将受让人的名称以及受让的出资额记载于股东名册。

第六章　资金到位及核算约定

第十四条：

（一）第一期资金到位：各股东于《投资预算》制定后　　日内按投资比例缴交该预算之总投资的　　％金额汇至公司指定账户。

（二）第二期资金到位：各股东的第一期资金到位后　　日内或双方协定本公司运营前　　日，按投资比例缴纳预算之总投资的　　％金额汇入公司指定账户。

第十五条：本公司营运前，所有未列于《投资预算》之追加投资款项，将列入本店投资本额，该金额于正常营运前 7 日内依投资比例补足缴交至公司指定账户。

第十六条：全体出资成员任何一方未能按本合同规定依期如数提交出资金额时，每逾期　　天，违约方应交付出资额的　　％的违约金外，守约方有权要求终止合同，并要求违约方赔偿损失。如各股东同意继续履行合同，违约方应赔偿因违约行为给公司造成的经济损失。

第七章　组织管理

第十七条：公司最高权力机构为股东会，股东会由全体出资人组成，为更好地经营、管理本公司，在与甲方自由协商的基础上，特聘请甲方经营人员管理本公司。

第十八条：董事、监事的权利、义务、议事规则由公司章程规定。

第八章　公司财务、会计制度

第十九条：公司依照法律、行政法规和国务院财政主管部门的规定建立本公司的财务、会计制度。

第二十条：公司每月制作财务会计报告，并依法经审查验证，第二或第三个月份派利润予各出资股东。财务会计报告应包括财务会计报表及附属明细表：

（一）资产负债表；

（二）损益表；

（三）财务状况表（有变动时提供）。

第二十一条：在经营期间，若出现盈亏，各股东均按其出资比率共同承担。

第九章　其他

第二十二条：公司财务会计、利润分配、出资人的变动、合并与分立、解散与清算等重大事项另由章程规定。

第二十三条：本协议经全体出资人签字后生效，并由出资人各执一份，具有同等法律效力。

甲方：

日期：

乙方：

日期：

丙方：

日期：

本合同签署地点：

附录四：《股权激励方案》范本

第一章　总则

第一条：股权激励的目的：

（一）进一步完善公司的薪酬激励体系，使高中级管理人员、核心技术人员和业务骨干的利益与公司的利益挂钩，激励他们为公司创造长期价值；

（二）吸引和保留关键技术人才，增强公司竞争实力，促进公司持续健康发展。

第二条：股权激励的原则：

（一）公开、公平、公正原则；

（二）激励机制与约束机制相结合的原则，即个人的长远利益和公司的长远利益及价值增长相联系，收益与风险共担；

（三）存量不动，增量激励的原则，即在公司资产保值增值的前提下，在净资产增值中解决奖励股份的来源问题。

第二章　股权激励方案执行与管理机构

第三条：设立薪酬与考核委员会作为公司股权激励方案的执行与管理机构，对董事会负责，向董事会及股东大会汇报工作。

第四条：薪酬与考核委员会的主要职责：

（一）研究对股权激励人员的考核标准，进行考核并提出建议，研究和审查董事与高层管理人员股权激励政策与方案；

（二）制定股权激励方案的具体条款，包括激励对象、奖励基金的提取比例、执行方式、个人分配系数等；

（三）定期对股权激励方案进行修改和完善，在发生重大事件时可以变更或终止股权激励方案。

第三章　股权激励方案的内容

第五条：股权激励对象：

（一）在公司领取董事酬金的董事会成员；

（二）高层管理人员；

（三）中层管理人员；

（四）公司专业技术骨干人员；

（五）由总裁提名的卓越贡献人员。

股权激励对象的人数一般不超过公司员工总人数的 20%，且不包括独立董事，具体人员由公司董事会确认。

第六条：股权激励的授予期设为 3 年，根据公司发展状况和个人业绩每 3 年重新设定一次。

第七条：奖励基金提取指标确定。

本方案奖励基金的提取以净资产增值率为指标，在净资产增值额中提取奖励基金。净资产增值率计算公式为：

$$净资产增值率=\frac{期末净资产-期初净资产}{期初净资产}\times 100\%$$

例：假定期初净资产为 100 万元，期末净资产为 280 万元，则期末的净资产增值率为：

$$净资产增值率=\frac{280\text{ 万元}-100\text{ 万元}}{100\text{ 万}}\times 100\%=180\%$$

以上公式中所有数据以经过审计的财务报表为准。

第八条：奖励基金按照超额累进提取：

（一）奖励基金提取的底线标准暂定为5%，即当年的净资产增值率在5%或5%以下时，不予提取奖励基金；

（二）在此基础上，净资产增值率在5%以上的增值部分，按50%提取；

（三）净资产增值率在5%以上的增值部分提取额不足5万元的，当年提取但不奖励，滚入下年度分配。

第九条：奖励基金转换为奖励股份的指标为经审计的期末每股净资产。

第十条：将奖励基金全部转换为股份，形成奖励股份总额。

$$奖励股份总额=\frac{奖励基金总额}{期末每股净资产}$$

例：假定期初的100万元净资产全部转化为股份，即每股的净资产为1元，若期末的净资产增值为280万元，在总股本不变的情况下，每股的净资产就是2.8元。按照净资产增值部分的50%提取奖励基金总额，则期末的奖励股份总额为：

$$奖励股份总额=\frac{（280万元-100万元）50\%}{2.8元/股}=32.14（万股）$$

第十一条：个人奖励比例的确定：

（一）采取岗位群比例法，将激励对象分为高层（高级管理人员）、中层（部门经理以上管理人员）、技术层（高级技术人才）、骨干层（优秀管理人员和业务人员）四类；

（二）高层占奖励股份总额的40%，中层占20%；技术层占25%，骨干层占15%。

第十二条：每个岗位群的个人奖励比例按人数均分，即：

$$某岗位群个人奖励比例=\frac{某岗位群奖励比例\%}{某岗位群人数}$$

例：假如专业技术骨干群的奖励股份占奖励股份总额的25%，持股的专业技术骨干有5人，则专业技术骨干群个人的奖励比例为：

$$专业技术骨干个人奖励比例=\frac{奖励股份总额的25\%}{5}=5\%$$

第十三条：个人奖励股份额度计算公式

个人奖励股份额度=个人奖励比例 × 奖励股份总额

例：根据上述股权奖励办法和奖励比例，则专业技术骨干个人的股份额度为：

专业技术骨干个人奖励股份额度=5% ×32.14（万股）

=1.607（万股）

将专业技术骨干个人的奖励股份换算成奖励金额，则为：

专业技术骨干个人实得奖励金额 =1.607（万股）×2.8 元/股

=4.4996 万元

第十四条：本方案的奖励股份为一次性当期奖励，股权激励的授予期设为3年，岗位群人数每年核定一次，个人奖励额根据所在岗位群奖励比例和人数增减。

第四章　股份权利

第十五条：本股权激励计划所称股份为身股（即虚拟股），享受分红权和股价升值收益，但不享有表决权、转让权、出售权和继承权。

身股为公司无偿授予，股权享有人无需出钱购买。

第十六条：股权享有人在离职后取消身股权，分红则区别对待：

（一）退休：股权享有人退休时收回身股，可享受当年全年的分红；

（二）辞职：自动辞职的收回身股，按当年工作月数享受 50% 的分红权；

（三）辞退：被解雇或辞退的收回身股，分红权立即取消。

第十七条：股权享有人因升职或成绩优异获得高一级岗位群的股权激励，分时段享受红利。

第十八条：股权享有人因工作重大失误降职、免职的，降低或收回股权激励，分时段享受红利。

第十九条：公司确定的身股激励人员需与公司签订股权激励计划协议书，在明确相应的权利义务关系后股权生效。

第五章　附则

第二十条：股权激励方案实施因经营环境及外部条件发生重大变化时，可由薪酬与考核委员会提议变更激励约束条件甚至终止该方案，并报经董事会批准。

第二十一条：在条件成熟后经公司董事会批准，可将部分或全部身股转化为银股（即实股，享有除分红权以外的其他股权），方案另行制定。

第二十二条：本方案由薪酬与考核委员会负责解释。

第二十三条：本方案自公司董事会通过后从 xxx 年开始实行。

附录五：私募股权投资涉及的法律法规汇编

第一部分　合伙

1.《合伙企业法》。

2.《外国企业或者个人在中国境内设立合伙企业管理办法》。

3. 合伙协议必备条款指引。

第二部分　公司

1.《公司法》。

第三部分　证券

1.《证券投资基金法》。

2.《证券投资基金管理暂行办法》。

3.《证券投资基金运作管理办法》。

4.《证券投资基金年销售管理办法》。

5.《产业投资基金管理暂行办法》。

6.《设立境外中国产业投资基金管理办法》。

第四部分　股权投资

1.《股权投资基金管理办法》。

2.《关于促进股权投资基金业发展的意见》。

3.《关于进一步规范试点地区股权投资企业发展和备案管理工作的通知 》。

4.《北京市关于促进股权投资基金业发展的意见》。

5.《重庆市关于鼓励股权投资类企业发展的意见》。

6. 重庆市人民政府关于鼓励股权投资类企业发展的意见（渝府发〔2008〕110 号）。

7.《宁波市鼓励股权投资企业发展的若干意见》。

8.《上海关于本市股权投资企业工商登记事项的通知》《浦东新区促进股权投资企业和股权投资管理企业发展的实施办法》。

9.《上海市浦东新区设立外商投资股权投资管理企业试行办法》。

10.《天津关于私募股权投资基金、私募股权投资基金管理公司（企业）进行工商登记的意见》《天津股权投资基金和股权投资基金管理公司（企业）登记备案管理试行办法》《天津市促进股权投资基金业发展办法》。

第五部分　创业投资

1.《创业投资管理暂行办法》。

2.《创业投资企业管理暂行办法》。

3.《国家税务总局关于实施创业投资企业所得税优惠问题的通知》（国税发〔2009〕87号）。

4.《关于创业投资引导基金规范设立与运作的指导意见》。

5.《深圳经济特区创业投资条例》。

第六部分　税收

1.《企业所得税法》。

2.《中华人民共和国企业所得税法实施条例》。

3、《中华人民共和国个人所得税法》《关于合伙企业合伙人所得税问题的通知》。

3.《关于实施创业投资企业的所得税优惠问题的通知》。

4.《关于促进创业投资企业发展有关税收政策的通知》。

第七部分　信托

1.《信托法》。

2.《信托公司管理办法》。

3.《信托公司集合资金信托管理办法》。

4.《信托公司集合资金信托计划管理办法》。

第八部分　其他

1.《关于建立中国风险投资机制的若干意见》。

2.《境内证券市场转持部分国有股充实全国社会保障基金实施办法》第五条。

3.《关于当前金融促进经济发展的若干意见》。

4.《国务院办公厅就金融促进经济发展三十条意见》。

5.《国务院批转发展改革委关于2009年深化经济体制改革工作意见的通知》。

6.《关于鼓励和引导民间投资健康发展的若干意见》。

7.《关于加强地方政府融资平台公司管理有关问题的通知》。

8.《最高人民法院关于审理非法集资刑事案件具体应用法律若干问题的解释》。

第九部分　私募基金

1.《私募投资基金监督管理暂行办法》。

2.《证券投资基金法》。

3.《私募投资基金管理人登记和基金备案办法（试行）》。

4. 关于发布《资产支持专项计划备案管理办法》及配套规则的通知。

第十部分　基金业协会拟推出的3个办法、1条规范、7条指引

1.《私募投资基金募集行为管理办法（试行）》（征求意见稿）。

2.《私募投资基金信息披露管理办法》（征求意见稿）。

3.《私募投资基金投资顾问业务管理办法》（征求意见稿）。

4.《私募投资基金托管与外包规范》(征求意见稿)。

5. 私募投资基金合同指引 1 号(契约型基金合同指引)(征求意见稿)。

6. 私募投资基金合同指引 2 号(合伙协议必备条款指引)(征求意见稿)。

7. 私募投资基金合同指引 3 号(公司章程必备条款指引)(征求意见稿)。

8. 私募投资基金风险揭示书(内容与格式指引)(征求意见稿)。

9. 私募基金投资者风险调查问卷(个人版内容与格式指引)(征求意见稿)。

10. 私募投资基金信息披露内容与格式指引 1 号(征求意见稿)。

11. 私募投资基金管理人内部控制指引(征求意见稿)。